Le DELF
100% RÉUSSITE

A2 — 2e ÉDITION

Dorothée Dupleix
Catherine Houssa
Marie Rabin

Couverture : Primo & Primo
Adaptation de la maquette intérieure : Ariane Aubert
Mise en page : Marse (Séverine Olivier)
Iconographie : Aurélia Galicher
Illustrations : Pascal Gauffre
Édition : Alice Sionneau
Studio : Quali'sons

« Le photocopillage, c'est l'usage abusif et collectif de la photocopie sans autorisation des auteurs et des éditeurs. Largement répandu dans les établissements d'enseignement, le photocopillage menace l'avenir du livre, car il met en danger son équilibre économique. Il prive les auteurs d'une juste rémunération. En dehors de l'usage privé du copiste, toute reproduction totale ou partielle de cet ouvrage est interdite. »
« La loi du 11 mars 1957 n'autorisant, aux termes des alinéas 2 et 3 de l'article 41, d'une part, que les copies ou reproductions strictement réservées à l'usage privé du copiste et non destinées à une utilisation collective » et, d'autre part, que les analyses et courtes citations dans un but d'exemple et d'illustrations, « toute représentation ou reproduction intégrale, ou partielle, faite sans le consentement de l'auteur ou de ses ayants droits ou ayants cause, est illicite. » (alinéa 1er de l'article 40) – « Cette représentation ou reproduction par quelque procédé que ce soit, constituerait donc une contrefaçon sanctionnée par les articles 425 et suivants du Code pénal. »

© Didier FLE, une marque des Éditions Hatier, Paris 2021 – ISBN 978-2-278-10252-5
Achevé d'imprimer en Espagne par Macrolibros (Valladolid) en janvier 2026 - dépôt légal 10252/06

AVANT-PROPOS

▬ Qu'est-ce que le DELF ?

Le DELF, diplôme d'études en langue française, est une certification officielle en français langue étrangère du ministère français de l'Éducation nationale. C'est un diplôme internationalement reconnu qui permet de valider votre niveau de français auprès d'universités ou d'écoles, d'employeurs ou d'administrations dans le monde.

Ce diplôme est valable sans limitation de durée.

▬ Quels sont les niveaux du DELF ?

Le DELF est constitué des diplômes suivants : Prim, scolaire et junior, tout public.

Ils correspondent aux niveaux du *Cadre européen commun de référence pour les langues* (CECRL) : DELF A1.1 (DELF Prim), DELF A1, DELF A2, DELF B1 et DELF B2.

Chaque diplôme évalue les 4 compétences : compréhension et production orales, compréhension et production écrites. L'obtention de la moyenne (50 points sur 100) à l'ensemble des épreuves permet la délivrance du diplôme correspondant.

▬ Où passer le DELF ?

Vous pouvez passer le DELF dans près de 175 pays. Vous devez vous inscrire dans un des 1 200 centres d'examen agréés par France Éducation international (le nouveau nom du CIEP). Pour connaître ces centres et leurs tarifs, consultez le site de France Éducation international à l'adresse suivante :
https://www.france-education-international.fr/delf-tout-public/coordonnees-centres-examen

COMMENT SE PRÉPARER ?

Ce livre peut être utilisé en autonomie ou en classe avec un(e) enseignant(e). Il est réparti en quatre compétences comme l'examen.

Nous vous proposons une démarche en 4 étapes :

- **Comprendre :** une double-page qui présente l'épreuve par compétence, les savoir-faire, les exercices et les documents, la consigne générale et des exemples de questions/réponses.
- **Se préparer :** des activités pour acquérir les savoir-faire indispensables pour réussir.
- **S'entraîner :** des activités proches de l'examen avec des conseils méthodologiques.
- **Prêt pour l'examen !** permet de mémoriser l'essentiel : vocabulaire, grammaire, conseils, etc.

Alors, prêt(e) pour l'examen ?

SOMMAIRE

1 Compréhension de l'oral ... 9

COMPRENDRE ... 10

SE PRÉPARER ... 12

1. Comprendre des annonces et des instructions orales ... 12
2. Comprendre des émissions de radio ... 15
3. Comprendre un message oral ... 17
4. Comprendre une discussion entre locuteurs natifs ... 19

S'ENTRAÎNER ... 21

PRÊT POUR L'EXAMEN ! ... 34

Le picto *PISTE 2* vous indique le numéro de la piste à écouter en flashant la page avec l'application didierfle.app

Les audios sont également téléchargeables sur http:/didierfle-delfreussite.fr

2 Compréhension des écrits ... 37

COMPRENDRE ... 38

SE PRÉPARER ... 40

1. Lire pour s'orienter ... 40
2. Lire une correspondance ... 45
3. Lire des instructions ... 51
4. Lire pour s'informer ... 55

S'ENTRAÎNER ... 58

PRÊT POUR L'EXAMEN ! ... 74

3 Production écrite 77

COMPRENDRE 78

SE PRÉPARER 80
1. Décrire un événement ou raconter une expérience personnelle 80
2. Répondre à un message, inviter, remercier, s'excuser, demander, informer, féliciter 84

S'ENTRAÎNER 87

PRÊT POUR L'EXAMEN ! 94

4 Production orale 97

COMPRENDRE 98

SE PRÉPARER 100
1. Entretien dirigé 100
2. Monologue suivi 103
3. Exercice en interaction 108

S'ENTRAÎNER 115

PRÊT POUR L'EXAMEN ! 122

5 Épreuves blanches 125

Auto-évaluation 125
Épreuves blanches 1 et 2 du DELF tout public 127
Grilles d'évaluation de la production (orale et écrite) 150

Transcriptions 153
Corrigés 160

S'INFORMER SUR LE DELF

▬ L'examen du DELF, comment ça se passe ?

L'examen dure 1 h 40. Il y a une épreuve pour chacune des quatre compétences.
Il y a des épreuves collectives et une épreuve individuelle (production orale).

▶ Tout d'abord, vous allez passer les trois épreuves collectives dans l'ordre suivant :
1. La compréhension de l'oral : écouter et compléter les questionnaires ;
2. La compréhension des écrits : lire des documents et compléter les questionnaires ;
3. La production écrite : écrire deux textes courts.

▶ Ensuite, vous allez passer l'épreuve individuelle qui se déroulera en quatre temps :
1. Préparation : vous avez 10 minutes pour préparer les exercices 2 et 3. Pas de préparation pour l'entretien dirigé ;
2. Entretien dirigé (exercice 1) : échanger avec l'examinateur et parler de soi (sa famille, son environnement, ses goûts, etc.) ;
3. Monologue suivi (exercice 2) : tirer au sort deux sujets et s'exprimer sur le sujet choisi pendant 2 minutes ;
4. Exercice en interaction (exercice 3) : résoudre une situation de la vie quotidienne en ayant un dialogue, pendant 3 à 4 minutes, avec l'examinateur.

Entraînez-vous dans les conditions réelles de l'examen avec deux épreuves blanches complètes à la fin de l'ouvrage à partir de la page 127.

Retrouvez deux épreuves blanches interactives sur http://www.didierfle-delfreussite.fr.

QU'EST-CE QUE LE NIVEAU A2 ?

Le *Cadre européen commun de référence pour les langues* définit le niveau A2 comme celui d'un utilisateur élémentaire. Cet utilisateur :

- Peut comprendre des expressions et des mots relatifs à des domaines de priorité immédiate (par exemple, information personnelle et familiale de base, achats, géographie locale, emploi).
- Peut comprendre des textes courts et simples sur des sujets concrets courants avec une fréquence élevée de langue quotidienne ou relative au travail et avec un vocabulaire extrêmement fréquent, y compris un vocabulaire internationalement partagé.
- Peut écrire une série d'expressions et de phrases simples reliées par des connecteurs simples tels que « et », « mais » et « parce que ».
- Peut décrire ou présenter simplement des gens, des conditions de vie, des activités quotidiennes, ce qu'on aime ou pas, par de courtes séries d'expressions ou de phrases non articulées.

DELF A2
Niveau A2 du *Cadre européen commun de référence pour les langues*

▶ Les nouvelles épreuves officielles du DELF A2 :
- Des questions à choix multiple ou des questions vrai/faux pour la compréhension de l'oral et la compréhension des écrits (plus de questions ni de justifications).
- Nombre de tâches : 14 documents audio (4 exercices) et 11 documents écrits (4 exercices).

▶ La nature des épreuves :

1. Les épreuves collectives

Nature des épreuves	Durée	Note sur
Compréhension de l'oral Réponse à des questionnaires de compréhension portant sur plusieurs courts documents enregistrés ayant trait à des situations de la vie quotidienne. (2 écoutes) *Durée maximale de l'ensemble des documents : 5 minutes*	25 minutes environ	/25
Compréhension des écrits Réponse à des questionnaires de compréhension portant sur plusieurs courts documents écrits ayant trait à des situations de la vie quotidienne.	30 minutes	/25
Production écrite Épreuve portant sur la description (événement, expériences personnelles…) et l'interaction (inviter, remercier, s'excuser, proposer, demander, informer, féliciter…).	45 minutes	/25

Durée totale des épreuves collectives : **1 heure et 40 minutes**

2. L'épreuve individuelle

Nature des épreuves	Durée	Note sur
Production orale Épreuve en trois parties : – entretien dirigé ; – monologue suivi ; – exercice en interaction.	6 à 8 minutes Préparation : 10 minutes	/25
	NOTE TOTALE	**/100**

Seuil de réussite pour obtenir le diplôme : **50/100**
Note minimale requise par épreuve : **5/25**

Compréhension de l'oral

COMPRENDRE

L'ÉPREUVE

La compréhension de l'oral est la première épreuve collective de l'examen du DELF A2.

■ Durée totale de l'épreuve	❯ 25 MINUTES ENVIRON
■ Nombre de points	❯ 25 POINTS
■ Nombre d'exercices	❯ 4 EXERCICES
■ Nombre de documents à écouter	❯ 14 DOCUMENTS COURTS
■ Nombre d'écoutes	❯ 2 ÉCOUTES pour chaque document
■ Durée totale des enregistrements	❯ Maximum 5 MINUTES
■ Quand lire les questions ?	❯ Avant d'écouter les documents (15 à 30 secondes pour lire les questions)
■ Quand répondre aux questions ?	❯ Après la 1re écoute

OBJECTIFS DES EXERCICES

Exercice 1 — **Comprendre des annonces et des instructions orales** (domaine public)

Exercice 2 — **Comprendre des émissions de radio et des enregistrements** (domaine public)

Exercice 3 — **Comprendre un message oral** (domaine professionnel)

Exercice 4 — **Comprendre une interaction entre locuteurs natifs** (domaine personnel ou éducationnel)

LES SAVOIR-FAIRE

Il faut principalement être capable de :

- Repérer la nature des documents entendus
- Identifier les personnes qui parlent et leur fonction
- Comprendre l'information la plus importante d'un document

Bonjour, c'est André, votre concierge. J'ai trouvé vos clés sur votre porte d'entrée. Je voulais vous rassurer, vous ne les avez pas perdues. Vous pouvez me rappeler ce soir sur le fixe ou passer me voir demain matin pour les récupérer. Mon numéro est le 01 47 12 53 14. Laissez-moi un message sur le répondeur, je vous rappellerai dès que possible, j'ai rendez-vous chez le dentiste à 18 h 15 et je ne sais pas à quelle heure je vais revenir.

- Repérer le thème principal

compréhension de l'oral

LES EXERCICES ET LES DOCUMENTS

	Supports possibles	Type d'exercice	Nombre de points
Exercice 1 Comprendre des annonces et des instructions orales DOMAINE PUBLIC	▶ Des annonces dans un lieu public comportant des instructions	Un questionnaire (6 QCM)	6 points
Exercice 2 Comprendre des émissions de radio et des enregistrements DOMAINE PUBLIC	▶ Des enregistrements concernant des informations données à la radio, dans un journal, dans une émission, etc.	Un questionnaire (6 QCM)	6 points
Exercice 3 Comprendre un message oral DOMAINE PROFESSIONNEL	▶ Un message sur un répondeur téléphonique comportant une information générale et des informations précises simples (dates, prix, horaires, lieux, etc.)	Un questionnaire (6 QCM)	6 points
Exercice 4 Comprendre une discussion entre locuteurs natifs DOMAINE PERSONNEL OU ÉDUCATIONNEL	▶ Des dialogues informels portant sur des aspects de la vie quotidienne se déroulant dans le même lieu (chez des amis français, à l'université, etc.)	Un tableau d'appariement (associer)	7 points

LA CONSIGNE

Une consigne générale : Elle explique ce qu'il faut faire pour l'ensemble des 4 exercices de la partie Compréhension orale. Cette consigne et celles des 4 exercices sont écrites et dites oralement.
Exemple : *Vous écoutez la radio. Lisez les questions. Écoutez le document puis répondez.*
Exercices 1 et 2 : 15 secondes pour lire les questions puis la première écoute. 10 secondes de pause pour commencer à répondre aux questions, puis la seconde écoute, et enfin 10 secondes pour compléter les réponses.
Exercices 3 et 4 : 30 secondes pour lire les questions puis la première écoute. 30 secondes de pause pour commencer à répondre aux questions, puis la seconde écoute, et enfin 30 secondes pour compléter les réponses.

LES QUESTIONS ET LES RÉPONSES

Les questions sont toujours dans l'ordre du document. Les réponses aussi.
Les questions se présentent sous 2 formes :
– les questions à choix multiples (QCM) :
sélectionner la bonne réponse parmi les trois choix. Il n'y a qu'une seule réponse correcte ;
– un tableau d'appariement :
cocher la bonne case pour associer un document à une situation.

PRÊT POUR L'EXAMEN

S'entraîner à :
- écouter des annonces et des conversations ;
- essayer de comprendre le message global ;
- à la première écoute, se concentrer, ne rien écrire ;
- repérer l'intonation et le rythme des phrases pour donner du sens aux paroles.

SE PRÉPARER

1 Comprendre des annonces et des instructions orales

— Repérer un environnement sonore, un message informatif

Activité 1

Écoutez les documents sonores et choisissez le lieu qui correspond.

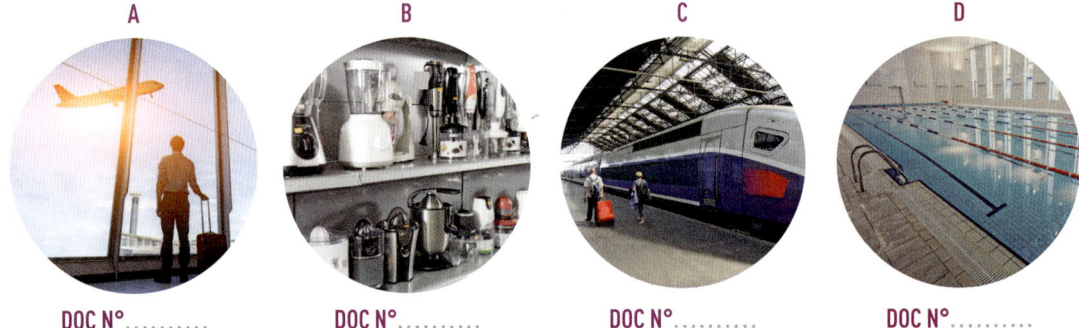

A — DOC N°..........
B — DOC N°..........
C — DOC N°..........
D — DOC N°..........

Activité 2

Écoutez les messages et mettez une croix dans la colonne qui correspond.

	Message 1	Message 2	Message 3	Message 4	Message 5
Instruction					
Annonce					

— Repérer un horaire, une destination

Activité 3

Voici quatre annonces entendues dans une gare. Complétez dans le tableau les informations demandées.

Annonce	N° du train	Destination	Voie de départ ou d'arrivée	Heure de départ ou d'arrivée
1	6291			9 h 10
2		Marseille	7	
3	5957		A	
4		Cambrai		

Activité 4

Vous entendez cette annonce dans le hall de la gare, vous prenez le train pour Rennes.

Où se trouve la voie B ? ....

compréhension de l'oral

▬ Repérer un changement, une indication nouvelle

Activité 5

Vous entendez ce message. Cochez la réponse qui correspond.

Je peux…

☐ avoir une réduction sur les produits.

☐ régler mes achats au 1er étage.

☐ faire mes courses jusqu'à 22 h.

☐ attendre l'ouverture à 21 h.

Activité 6

Écoutez le message et **remplissez** le tableau.

Message	Vrai	Faux
1. Ouverture exceptionnelle à partir de 20 h		
2. Compétition régionale mercredi soir		

▬ Repérer une instruction

Activité 7

Quelle photo correspond au message que vous entendez ?

☐ A

☐ B

☐ C

☐ D

SE PRÉPARER

 **Activité 8**

Écoutez les messages et **reliez** chaque message à l'image qui correspond.

Message n° 1 ●   ● A

Message n° 2 ●   ● B

Message n° 3 ●   ● C

Message n° 4 ●   ● D

compréhension de l'oral

2 Comprendre des émissions de radio

— Repérer le genre et le thème d'une émission de radio

Activité 9

Voici cinq extraits d'émissions radiophoniques. Quel est le genre de l'émission ? **Reliez** chaque extrait à celui qui lui correspond.

Extrait 1 •   • Jeu

Extrait 2 •   • Bulletin d'information

Extrait 3 •   • Interview

Extrait 4 •   • Publicité

Extrait 5 •   • Reportage

Activité 10

Écoutez cet extrait. Quel est le thème de l'émission et à qui s'adresse-t-elle principalement ? **Cochez** la case qui correspond.

Thème	
Musique	
Technologie	
Politique	
Santé	
Culture	
Sport	

Quel public ?	
Des jeunes sportifs	
Des médecins expérimentés	
Des musiciens étrangers	
Des jeunes entrepreneurs	
Des hommes politiques	
Des jeunes écrivains	

— Repérer des données chiffrées

Activité 11

Écoutez ce message radiophonique et **complétez** les notes ci-dessous.

Pour gagner .... euros, envoyez un texto au .... avant .... heures.

Activité 12

Voici deux extraits de deux émissions radiophoniques. **Placez** dans le tableau les informations chiffrées qui correspondent à chaque extrait.

196   1995   A10   5450   29   0

Extrait 1	
Extrait 2	

SE PRÉPARER

— Repérer les informations importantes

Activité 13

Écoutez le message et **cochez** l'information la plus importante pour l'auditeur de cette radio.

☐ Disparition brutale d'un chanteur

☐ Enregistrement d'un concert en public

☐ Changement de programme demain soir

☐ Diffusion de « La Parole aux jeunes » à Marseille

Activité 14

Écoutez le document radiophonique et **classez** les informations par ordre d'importance :
n° 1 : la plus importante → n° 5 : la moins importante.

☐ Il y a beaucoup de monde.

☐ Le journaliste est devant le Palais de justice.

☐ Il fait froid.

☐ Les personnes sont libérées.

☐ Les avocats vont sortir.

— Repérer l'environnement

Activité 15

Voici deux extraits d'émissions radiophoniques. Où se passe l'émission ?

L'émission se déroule…	dans le studio	à l'extérieur	en public	au téléphone
Extrait n° 1				
Extrait n° 2				

Activité 16

Écoutez les trois extraits et **reliez** les documents au reportage qui correspond.

Extrait 1 •   • Un embouteillage dans une ville

Extrait 2 •   • Une compétition sportive dans un stade

Extrait 3 •   • Un concert dans une salle

compréhension de l'oral

3 Comprendre un message oral

— Repérer les mots-clés

Activité 17

Vous entendez quatre messages. À qui s'adresse chaque message ? **Remplissez** le tableau ci-dessous.

	Destiné à	Mots-clés
Message 1	La voisine	« chez vous »
Message 2		
Message 3		
Message 4		

Activité 18

Écoutez ce message et **cochez** l'image qui correspond.

1. Il faut …

☐ A   ☐ B

2. Demain avant…   ☐ 10 h 00   ☐ 12 h 00

— Repérer un événement personnel

Activité 19

Écoutez quatre messages laissés sur un répondeur et **cochez** dans le tableau l'événement qui correspond à chaque message.

	Naissance	Réussite à un examen	Invitation	Anniversaire
Message 1				
Message 2				
Message 3				
Message 4				

SE PRÉPARER

Activité 20

Vous entendez ce message. **Répondez** aux questions.

Message	Vrai	Faux
a. La station de métro est République.		
b. Le code de la porte est T 452.		

— Repérer les relations entre des personnes

Activité 21

Vous entendez quatre documents sonores très courts. Quelle relation ont les différentes personnes entre elles ? **Reliez** chaque document à la relation qui correspond.

Doc 1 •   • Relation administrative

Doc 2 •   • Relation commerciale

Doc 3 •   • Relation professionnelle

Doc 4 •   • Relation familiale

Activité 22

Vous entendez ce message téléphonique, **répondez** à la question ci-dessous.

Qui est Léo ?

☐ Le professeur de guitare.

☐ Le cousin de Martin.

☐ Le fils de Mme Deval.

— Repérer les intonations

Activité 23

Écoutez les cinq documents, puis **complétez** le tableau comme dans l'exemple.

	Content(e)	Énervé(e)	Déçu(e)	Fatigué(e)	Étonné(e)
Doc 1		✓			
Doc 2					
Doc 3					
Doc 4					
Doc 5					

Activité 24

Écoutez le document et **entourez**, parmi les mots ci-dessous, le ou les mots qui le définissent.

la surprise   la colère   la tristesse

fatigué   satisfait   fâché   content   furieux   apaisé   déçu

compréhension de l'oral

4 Comprendre une discussion entre locuteurs natifs

— Repérer le sujet de la discussion

Activité 25

Vous allez entendre quatre petits dialogues, **placez** les mots-clés en face du dialogue qui correspond.

Mots-clés : téléphone – fête – cinéma – voyage – partir – prêter – donner rendez-vous – envoyer – Amérique du Sud – palace – photos – appel

Dialogue	Mots-clés (quoi, où, comment)
1	
2	
3	
4	

Activité 26

Écoutez cette conversation. **Identifiez** les sentiments exprimés.

TRISTESSE   COLÈRE   ANNULATION   DÉPART   DÉCEPTION   VOYAGE

— Repérer les différents locuteurs

Activité 27

Écoutez le document et **cochez** la réponse qui correspond.

Qui parle ?

☐ Un consultant informatique.

☐ Un directeur de magasin.

☐ Un secrétaire médical.

☐ Un professeur d'université.

☐ Un employé.

Activité 28

Vous entendez ces documents sonores. **Cochez** la colonne du tableau qui qualifie le mieux chacun des documents.

	☺	☹
Doc 1		
Doc 2		
Doc 3		
Doc 4		

19

SE PRÉPARER

— Repérer un événement

Activité 29
Vous entendez quatre débuts de dialogue. **Reliez** chaque événement au dialogue qui correspond.

Naissance   •   • Dialogue 1
Examen   •   • Dialogue 2
Mariage   •   • Dialogue 3
Anniversaire   •   • Dialogue 4

Activité 30
Vous entendez ce document sonore, **répondez** à la question en cochant la bonne réponse.

Que veut Armand ?

☐ Voir son père à Noël.
☐ Partir avec ses copains.
☐ Fêter Noël en famille.
☐ Skier en janvier.

— Repérer les relations entre les locuteurs

Activité 31
Voici cinq extraits de discussions entre deux locuteurs. **Retrouvez** les personnages de chaque scène en cochant les cases correspondantes.

	Extrait 1	Extrait 2	Extrait 3	Extrait 4	Extrait 5
Une policière					
Un vendeur					
Un médecin					
Une étudiante					
Un enfant					
Une cliente					
Une secrétaire					
Un père					
Une patiente					
Un conducteur					

Activité 32
Écoutez ce document et **cochez** la case qui correspond.

	Vrai	Faux
Lucile est la mère de Romain.		
La maman de Lucile a une réunion importante.		
La crèche est fermée demain.		
Lucile sera au bureau à 13 h 30.		

S'ENTRAÎNER

compréhension de l'oral

1 Comprendre une annonce et des instructions orales

Exercice 1 — 6 points

Vous écoutez des annonces publiques.

> ▸ Avant l'écoute, pour se préparer à comprendre :
> – observez les dessins ou les images de l'activité ;
> – lisez les questions et repérez le type de réponse demandée :
>   Combien ? Quoi ? Où ? Comment ? Pourquoi ?
> ▸ Ne cherchez pas à tout comprendre la première fois.
> ▸ Repérez le contexte sonore (bruits de fond, jingle…).

DOCUMENT 1
Lisez la question. Écoutez le document puis répondez.

1 - Quel est le numéro du vol à destination de Rome ?   *1 point*

a. ☐ 5681
b. ☒ 5691
c. ☐ B 37

> ▸ Ne pas confondre le numéro du vol (plusieurs chiffres) et le numéro de la porte d'embarquement (une lettre + un nombre).

DOCUMENT 2
Lisez la question. Écoutez le document puis répondez.

2 - Quel produit allez-vous payer 20 % de moins ?   *1 point*

a. ☒   b. ☐   c. ☐

CE QUE JE RETIENS

> ▸ Qu'est-ce qu'on me demande dans la question : combien, quoi, où, comment, pourquoi ?
> ▸ Quels sont les mots-clés ?

S'ENTRAÎNER

Exercice 2 *6 points*

Vous écoutez des annonces publiques.

DOCUMENT 1
Lisez la question. Écoutez le document puis répondez.

1 - Que propose le document sonore ? *1 point*

a. ☐   b. ☐   c. ☐

DOCUMENT 2
Lisez la question. Écoutez le document puis répondez.

2 - Quand est-ce que la station de métro Gaîté est ouverte ? *1 point*

a. ☐ Toute la semaine.
b. ☐ Le lundi et le dimanche.
c. ☐ Le lundi et le dimanche de 6 heures à 22 heures.

DOCUMENT 3
Lisez la question. Écoutez le document puis répondez.

3 - Qu'est-ce qui est exceptionnel ? *1 point*

a. ☐ Des soldes dans le rayon CD.
b. ☐ Des soldes dans tous les rayons.
c. ☐ Une semaine de promotions.

DOCUMENT 4
Lisez la question. Écoutez le document puis répondez.

4 - Quelle activité se passe dans la salle 5 ? *1 point*

a. ☐   b. ☐   c. ☐

compréhension de l'oral

DOCUMENT 5
Lisez la question. Écoutez le document puis répondez.

5 - Que faut-il faire avec la voiture bleue ? `1 point`

a. ☐ Il faut la déplacer.
b. ☐ Il faut la repeindre.
c. ☐ Il faut faire le plein.

DOCUMENT 6
Lisez la question. Écoutez le document puis répondez.

6 - Où se trouve Léo ? `1 point`

a. ☐   b. ☐   c. ☐

Exercice 3 `6 points`

Vous écoutez des annonces publiques.

DOCUMENT 1
Lisez la question. Écoutez le document puis répondez.

1 - Qui est Anna ? `1 point`
a. ☐ Une guide.   b. ☐ Une caissière.   c. ☐ Une visiteuse.

DOCUMENT 2
Lisez la question. Écoutez le document puis répondez.

2 - De quel spectacle s'agit-il ? `1 point`

a. ☐   b. ☐   c. ☑

DOCUMENT 3
Lisez la question. Écoutez le document puis répondez.

3 - Quelle est la profession de Rémi Giletti ? `1 point`

a. ☐ Acteur.   b. ☐ Écrivain.   c. ☐ Musicien.

S'ENTRAÎNER

DOCUMENT 4
Lisez la question. Écoutez le document puis répondez.

4 - Qu'est-ce qui est interdit ? `1 point`

a. ☐   b. ☐   c. ☐

DOCUMENT 5
Lisez la question. Écoutez le document puis répondez.

5 - Quand est-ce que la piscine est fermée ? `1 point`

a. ☐ Aujourd'hui.
b. ☐ Demain.
c. ☐ Lundi.

DOCUMENT 6
Lisez la question. Écoutez le document puis répondez.

6 - Que pouvez-vous goûter ? `1 point`

a. ☐   b. ☐   c. ☐

PRÊT POUR L'EXAMEN
- Lire les questions.
- Écouter le document.
- Se poser les bonnes questions : Qui ? À qui ? Quoi ? Quand ? Combien ? Où ? Comment ? Pourquoi ?
- Ne pas chercher à tout comprendre.

compréhension de l'oral

2 Comprendre des émissions de radio

Exercice 4 (6 points)

Vous écoutez la radio.

> ▶ Lisez attentivement la consigne avant l'écoute : j'écoute la radio.
> ▶ Avant l'écoute, pour vous préparer à comprendre :
> – observez les dessins ou les images de l'activité ;
> – lisez les questions et repérez le type de réponse demandée :
>   Quoi ? Quand ? Où ? Comment ? Combien ?
> ▶ Ne cherchez pas à tout comprendre la première fois.
> ▶ À savoir : il y a 3 grandes catégories d'émissions : les informations, les jeux et les publicités.

DOCUMENT 1

Lisez les questions. Écoutez le document puis répondez.

1 - Quel est le sujet du document sonore ? (1 point)

a. ☐ La météo à Paris.
b. ☐ Les températures à la montagne.
c. ☑ La douceur climatique.

2 - D'après le document, quelle est la saison de l'année ? (1 point)

     a. ☐   **b.** ☐   **c.** ☑

▶ Repérez les mots-clés (ici « hivernale ») puis éliminez les réponses qui ne correspondent pas. Attention, le document se passe en France et il fait généralement froid en hiver.

CE QUE JE RETIENS

> ▶ Qui parle et sur quel ton ?
> ▶ Quels indices sonores peuvent m'aider à comprendre le contexte ?
> ▶ Quel est le genre de l'émission ?
> ▶ Existe-t-il une information plus importante que les autres ?
> ▶ Quel est le but du message ?

S'ENTRAÎNER

Exercice 5   6 points

Vous écoutez la radio.

DOCUMENT 1
Lisez les questions. Écoutez le document puis répondez.

1 - Quelle est la profession de Lisa ?   1 point

a. ☐   b. ☐   c. ☐

2 - Comment faire pour gagner ?   1 point

a. ☐ Appeler Lisa.
b. ☐ Répondre à une question.
c. ☐ Aller sur le site internet de la radio.

DOCUMENT 2
Lisez les questions. Écoutez le document puis répondez.

3 - Quel est le thème du festival organisé à Saulgé ?   1 point

a. ☐ La musique.   b. ☐ La peinture.   c. ☐ La littérature.

4 - Que devez-vous faire ?   1 point

a. ☐ Acheter un billet.
b. ☐ Appeler la mairie.
c. ☐ Visiter une exposition.

DOCUMENT 3
Lisez les questions. Écoutez le document puis répondez.

5 - Que se passe-t-il bientôt ?   1 point

a. ☐ C'est la fête nationale.
b. ☐ C'est la rentrée des classes.
c. ☐ C'est le début des vacances.

6 - Quel moyen de transport est conseillé ?   1 point

a. ☐   b. ☐   c. ☐

compréhension de l'oral

Exercice 6 6 points

Vous écoutez la radio.

DOCUMENT 1
Lisez les questions. Écoutez le document puis répondez.

1 - Quel est le thème du festival ? 1 point

a. ☐   b. ☐   c. ☐

2 - Où pouvez-vous acheter les billets ? 1 point

a. ☐ Sous la grande tente.   b. ☐ À l'entrée du festival.   c. ☐ Sur le site de la mairie.

DOCUMENT 2
Lisez les questions. Écoutez le document puis répondez.

3 - Pourquoi le magasin Rozam fait-il des réductions ? 1 point

a. ☐ Parce que ce sont les soldes.
b. ☐ Parce que c'est le début de l'été.
c. ☐ Parce que c'est l'anniversaire du magasin.

4 - Que vend le magasin Rozam ? 1 point

a. ☐ Des fleurs.
b. ☐ Des animaux.
c. ☐ Des vêtements.

DOCUMENT 3
Lisez les questions. Écoutez le document puis répondez.

5 - Quel est le thème du jeu ? 1 point

a. ☐ La grammaire.
b. ☐ L'orthographe.
c. ☐ Le vocabulaire.

6 - Quel cadeau pouvez-vous gagner ? 1 point

a. ☐   b. ☐   c. ☐

PRÊT POUR L'EXAMEN
- Écouter en prenant des notes.
- Identifier le contexte donné par la consigne (C'est le matin, j'écoute la radio).
- Faire plusieurs écoutes.

S'ENTRAÎNER

3 Comprendre un message oral

Exercice 7   6 points

Vous travaillez dans une entreprise française. Vous écoutez ce message sur un répondeur téléphonique. Lisez les questions. Écoutez le document puis répondez.

> ▸ Lisez attentivement la consigne avant l'écoute : J'ai un message sur mon répondeur.
> ▸ Avant l'écoute, pour vous préparer à comprendre :
> – observez les dessins ou les images de l'activité ;
> – lisez les questions et repérez le type de réponse demandée :
>   Qui ? Quoi ? Comment ? Quand ? Quel ?
> ▸ Ne cherchez pas à tout comprendre la première fois.
> ▸ Repérez qui parle, l'objet de l'appel et la proposition.

1 - Qui a laissé un message sur le répondeur ?   1 point

a. ☐ Une secrétaire.   **b.** ☑ Un collègue.   **c.** ☐ Un médecin.

> ▸ En général, la personne qui laisse un message sur un répondeur se présente dès le début. Soyez attentif à la première phrase qui donne la réponse à cette question.

2 - Dans quel bureau travaille cette personne ?   1 point

a. ☐ Bureau 207.   **b.** ☑ Bureau 307.   **c.** ☐ Bureau 317.

3 - De quel objet est-il question ?   1 point

a. ☐   **b.** ☐   **c.** ☑

> ▸ Procédez par élimination et par bon sens.

4 - Que devez-vous faire ?   1 point

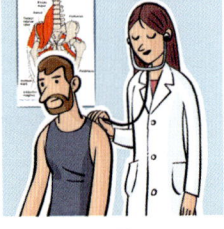  

a. ☐   **b.** ☐   **c.** ☑

> ▸ Observez bien les images : c'est vous qui devez faire quelque chose.

compréhension de l'oral

5 - À quel moment est-il possible de téléphoner ? `1 point`
  a. ☐ Avant 18 h 15.   **b.** ☑ Dans la soirée.   **c.** ☐ Demain matin.

6 - Quel est le numéro de téléphone ? `1 point`
  a. ☑ 01 32 81 06 12   **b.** ☐ 01 32 91 06 12   **c.** ☐ 01 32 81 16 12

▶ Lors de la première écoute, notez les chiffres reconnus, puis complétez à la seconde écoute.

CE QUE JE RETIENS
▶ Qu'est-ce que j'entends au début du message ?
▶ Quelle(s) image(s) je peux éliminer facilement ?
▶ Qui (moi ? lui ? nous ?) doit faire quoi ?
▶ Quel est le ton de la voix ?

Exercice 8 `6 points`

Vous travaillez dans un aéroport. Vous écoutez ce message sur un répondeur téléphonique.
Lisez les questions. Écoutez le document puis répondez.

▶ Notez les différents acteurs pour vous aider à comprendre qui est qui.

1 - Quelle est l'information principale de ce message ? `1 point`
  a. ☐ Annulation d'un vol.   **b.** ☐ Annulation d'un voyage.   **c.** ☐ Réservation d'un vol.

2 - Qui a laissé ce message ? `1 point`
  a. ☐ Les clients.   **b.** ☐ L'aéroport.   **c.** ☐ L'agence de voyages.

3 - À quelle heure devaient partir les clients ? `1 point`

    a. ☐   **b.** ☐   **c.** ☐

4 - Quel est le numéro du vol ? `1 point`
  a. ☐ Vol 541.   **b.** ☐ Vol 561.   **c.** ☐ Vol 581.

5 - Où se trouvent les clients ? `1 point`

    a. ☐   **b.** ☐   **c.** ☐

S'ENTRAÎNER

6 - Pourquoi les clients partent-ils en voyage ?   `1 point`
- a. ☐ Ils veulent découvrir Roissy-Charles-de-Gaulle.
- b. ☐ Ils veulent découvrir Varsovie.
- c. ☐ Ils veulent découvrir la Bretagne.

Exercice 9   `6 points`

Vous travaillez dans une entreprise française. Vous écoutez ce message sur un répondeur téléphonique. Lisez les questions. Écoutez le document puis répondez.

1 - Pour qui est organisé une fête ?   `1 point`
- a. ☐ Marc.
- b. ☐ Nathalie.
- c. ☐ Le directeur.

2 - À quelle heure a lieu la fête ?   `1 point`
- a. ☐ À 12 heures.
- b. ☐ À 17 heures.
- c. ☐ À 19 heures.

3 - Où se passe la fête ?   `1 point`
- a. ☐ Dans un bureau.
- b. ☐ Dans une salle de réunion.
- c. ☐ Dans le hall d'entrée de l'entreprise.

4 - De quoi devez-vous vous occuper ?   `1 point`
- a. ☐ Du repas.
- b. ☐ Du cadeau.
- c. ☐ Des invitations.

5 - Qu'est-ce que Nathalie aime ?   `1 point`

a. ☐   b. ☐   c. ☐

6 - Qu'est-ce que le directeur offre ?   `1 point`

a. ☐   b. ☐   c. ☐

PRÊT POUR L'EXAMEN
- Lire les questions.
- Écouter attentivement le document.
- Prendre des notes lors de l'écoute.

compréhension de l'oral

4 Comprendre une discussion entre locuteurs natifs

Exercice 10 — 7 points

Vous écoutez 4 dialogues. Lisez les situations. Écoutez les dialogues puis répondez.

- Lisez attentivement les 6 situations avant l'écoute.
- Avant l'écoute, pour vous préparer à associer les dialogues aux situations, pensez aux mots / expressions qui vont ensemble. Exemple : pour « proposer une sortie », on dit « Tu veux... ? » ou « Ça te dit de ... ? ».
- Ne cherchez pas à tout comprendre la première fois.
- Cochez pour associer chaque dialogue à la situation correspondante.
- Attention : il y a 6 situations mais seulement 4 dialogues.

	A- Accepter une invitation	B- Autoriser quelque chose	C- Se mettre d'accord	D- Expliquer une situation	E- Présenter un projet	F- Demander une information
1- Dialogue 1 (1 point)			✗			
2- Dialogue 2 (2 points)	✗					
3- Dialogue 3 (2 points)				✗		
4- Dialogue 4 (2 points)		✗				

CE QUE JE RETIENS

- Je lis avec attention les 6 situations.
- Je réfléchis au vocabulaire des situations. Par exemple : pour « Remercier », j'entendrai peut-être le mot « merci ».
- Je réponds à la première écoute.
- À la seconde écoute, je vérifie mes réponses et je laisse de côté les 2 intrus.

S'ENTRAÎNER

Exercice 11 (7 points)

Vous écoutez 4 dialogues. Lisez les situations. Écoutez les dialogues puis répondez.

	A- Décrire un objet	B- Se présenter	C- Rappeler quelque chose	D- Parler d'un lieu	E- Exprimer un souhait	F- Demander les jours d'ouverture
1- Dialogue 1 (2 points)						
2- Dialogue 2 (2 points)						
3- Dialogue 3 (2 points)						
4- Dialogue 4 (1 point)						

Exercice 12 (7 points)

Vous écoutez 4 dialogues. Lisez les situations. Écoutez les dialogues puis répondez.

	A- Demander un renseignement	B- Faire une proposition	C- Fixer un rendez-vous	D- S'excuser	E- Féliciter	F- Dire à quelqu'un de faire quelque chose
1- Dialogue 1 (2 points)						
2- Dialogue 2 (2 points)						
3- Dialogue 3 (2 points)						
4- Dialogue 4 (1 point)						

Exercice 13 (7 points)

Vous écoutez 4 dialogues. Lisez les situations. Écoutez les dialogues puis répondez.

	A- Donner un ordre	B- Accepter une invitation	C- S'informer sur des horaires	D- Demander un conseil	E- Parler de sa profession	F- Parler d'un livre
1- Dialogue 1 (2 points)						
2- Dialogue 2 (2 points)						
3- Dialogue 3 (2 points)						
4- Dialogue 4 (1 point)						

compréhension de l'oral

Exercice 14 **7 points**

Vous écoutez 4 dialogues. Lisez les situations. Écoutez les dialogues puis répondez.

	A- Proposer de l'aide	B- Demander à quelqu'un de faire quelque chose	C- Donner une recette	D- Exprimer un goût	E- Décrire un objet	F- Prendre des nouvelles
1- Dialogue 1 (2 points)						
2- Dialogue 2 (1 point)						
3- Dialogue 3 (2 points)						
4- Dialogue 4 (2 points)						

Prêt pour l'examen !

Communication
- Annoncer
- Commencer un message
- Demander de faire
- Expliquer
- Informer
- Proposer
- Réagir à une proposition

Socioculturel

Pour identifier le type d'émission de radio :

Interview : deux personnes parlent ;

Publicité : musique en fond, tonalité plus forte ;

Flash info : une personne parle très rapidement de plusieurs sujets avec des titres courts ;

Reportage : une personne parle longuement d'un sujet.

Grammaire

Les comparatifs de qualité
(*plus* + adjectif + *que*)

Les formes impersonnelles
(Il fait beau)

L'impératif et les pronoms directs
(Rappelle-moi)

La nominalisation

Vocabulaire
- Achats
- Alimentation
- Actualité
- Communication
- Loisirs
- Médias
- Météo
- Nombres cardinaux et ordinaux
- Services
- Sorties
- Transports
- Vêtements

STRATÉGIES

1. Quand j'écoute deux personnes parler entre elles, je repère l'utilisation de *tu* ou *vous* pour connaître leur relation.

2. Je repère l'intonation et le rythme des phrases pour donner du sens aux paroles.

3. Je repère les différentes voix pour comprendre les rôles de chacun.

compréhension de l'oral

POUR COMPRENDRE

Annoncer
- Le train va entrer en gare quai numéro 4.
- Le TGV à destination de...
- Le train en provenance de...

Demander de faire
- Pouvez-vous rappeler l'agence, s'il vous plaît ?
- Viens plutôt à 9 heures.
- Recontactez-moi dès que possible.
- Passez jeudi au bureau.
- Le propriétaire de la voiture grise est prié de déplacer son véhicule immédiatement.

Expliquer
- Le train est retardé en raison d'une panne.
- Suite à un incident technique, le train aura 20 minutes de retard.
- À cause d'une panne d'affichage, tous les trains sont à l'arrêt.

Informer
- Je suis à la gare de Vannes.
- J'arriverai plus tard que prévu.
- Mon avion a du retard.
- Saïd ne pourra malheureusement pas venir.
- Je t'appelle au sujet de papa.

Proposer
- Si tu veux, tu peux venir avec Édouard.
- Est-ce que ça vous dit de manger au restaurant ce soir ?
- On pourrait aller aux Rencontres de la photographie d'Arles ?
- Pourquoi ne pas partir à la mer ce week-end ?
- Et si on dînait dehors ?
- On peut se retrouver à midi au carrefour de l'Odéon ?
- Je ne sais pas ce que tu as de prévu, mais ce serait sympa de voir ce film.

Réagir à une proposition
- Excellente idée !
- Non, je n'ai pas trop envie de sortir, merci.
- Ça ne me tente pas trop.

Achats
- Régler ses achats
- Faire ses courses
- Faire les soldes
- Avoir une réduction
- Les soldes
- 75 % (pour cent)

Actualité
- Un auditeur/une auditrice
- Une enquête
- La une
- Un(e) invité(e)
- Un(e) journaliste

Un reportage
- Une revue de presse
- Un sondage
- Les titres de ce matin

Message téléphonique
- Recevoir/écouter un message
- Monsieur Gatel au téléphone.
- Bonjour, c'est Charlotte.
- Ici, l'agence pour l'emploi.
- Je vous appelle au sujet de...
- Je ne peux malheureusement pas venir...
- Fixer/confirmer/donner/annuler un rendez-vous

- Il nous manque des pièces à votre dossier.
- Pour plus d'information, rappelez-nous au 01 47 12 13 13.
- Merci de nous rapporter une photocopie.
- Recontactez-moi dès que possible.
- Rendez-vous à 8 heures.

Unités de mesure
- 500 g (cinq cents grammes)
- 2,5 kg (deux kilos cinq/et demi)
- 25° : 25 degrés
- l : litre
- cl : centilitre
- km : kilomètre
- m^2 : mètre carré

Météo
- Il fait beau.
- Il fait mauvais.
- Il fera doux sur toute la France.
- Des températures hivernales/estivales.
- Le temps est au beau fixe.
- Attention au rafraîchissement.
- Il y a du soleil, du brouillard, du vent.

Voyager
- À destination de Montréal
- En partance pour Liège
- Le point d'embarquement
- L'enregistrement
- Entrer en gare
- Le prochain arrêt
- En provenance de Lyon
- La file prioritaire
- La classe affaires
- La classe économique
- Une annulation
- La réservation

Je suis prêt(e) ?

Les 4 questions à se poser

1. Est-ce que je peux faire la différence entre une publicité, une conversation, un journal radio et la météo ?

2. Est-ce que je comprends des indications pour me repérer sur un plan ?

3. Est-ce que je connais au moins 4 mots dans chaque liste de cette page ?

4. Est-ce que je suis capable de repérer des informations précises : chiffres, dates, noms, lieux ?

Prêt pour l'examen !

À faire

avant l'examen

- ☐ **Réviser** le vocabulaire
  nombres cardinaux et ordinaux, services et alimentation, actualité, météo, transports

- ☐ **Enrichir** son vocabulaire
  écrire un mot dans une liste de mots de la même famille et compléter la liste régulièrement, associer ce mot à son contraire, trouver un synonyme à chaque mot que j'apprends

- ☐ **Réviser** la syntaxe
  l'impératif avec les pronoms directs :
  tu me contactes → contacte-moi

- ☐ **Identifier** cinq situations de la vie quotidienne et lister les mots sur des chiffres, situations, lieux, personnes et événements possibles pour se préparer (au marché, message d'un(e) collègue, à l'aéroport, etc.)

le jour de l'examen

- ☐ apporter sa pièce d'identité, sa convocation et un stylo bille noir
- ☐ se concentrer, penser à des stratégies d'écoute (indices sonores, mots-clés)
- ☐ s'appuyer sur des stratégies de réponses : répondre dès la première écoute à tout ce qui est connu, ne pas bloquer sur une question
- ☐ compléter les réponses manquantes ou modifier à la seconde écoute
- ☐ si une case est cochée par erreur, cocher et entourer la case de la bonne réponse

Compréhension des écrits

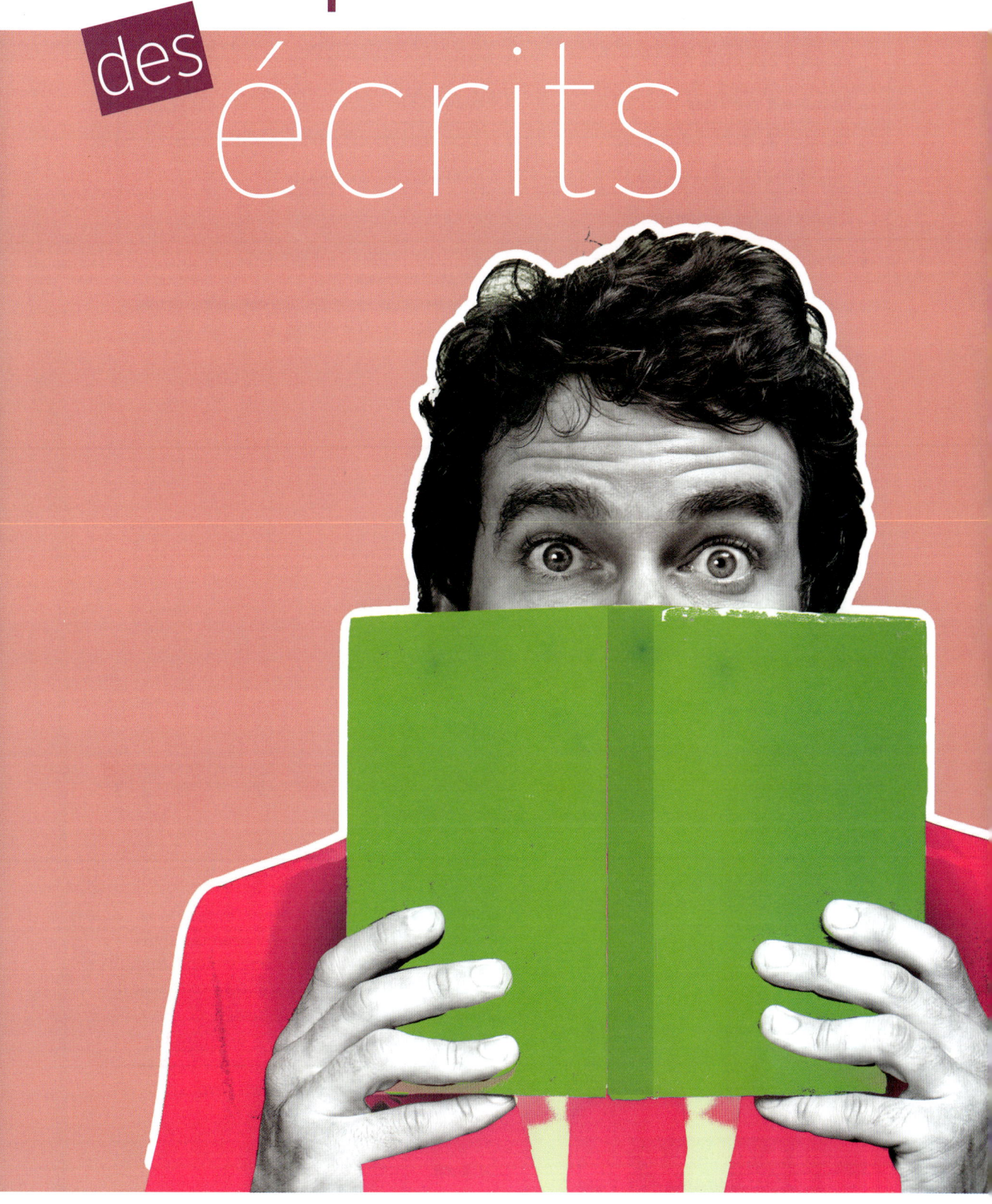

COMPRENDRE

L'ÉPREUVE

La compréhension des écrits est la deuxième épreuve collective de l'examen du DELF A2.

■ Durée totale de l'épreuve	❯ 30 MINUTES
■ Nombre de points	❯ 25 POINTS
■ Nombre d'exercices	❯ 4 EXERCICES
■ Nombre de documents à lire	❯ 11 DOCUMENTS COURTS (20 à 145 mots)
■ Quand lire les questions ?	❯ Avant de lire les documents
■ Quand lire les documents ?	❯ Après avoir lu la consigne et les questions
■ Quand répondre aux questions ?	❯ Après avoir lu tous les documents de chaque exercice

OBJECTIFS DES EXERCICES

Exercice 1	Lire pour s'orienter (domaine public)
Exercice 2	Lire une correspondance (domaine personnel)
Exercice 3	Lire des instructions (domaine professionnel)
Exercice 4	Lire pour s'informer (domaine public)

LES SAVOIR-FAIRE

Il faut principalement être capable de :

- Identifier la nature d'un document

- Repérer les informations importantes (mots-clés)
  - Qui ?   – Quand ?
  - À qui ?   – Où ?
  - Quoi ?   – Comment ?

- Trouver une information spécifique dans des documents courants simples

- Repérer des informations dans un texte court

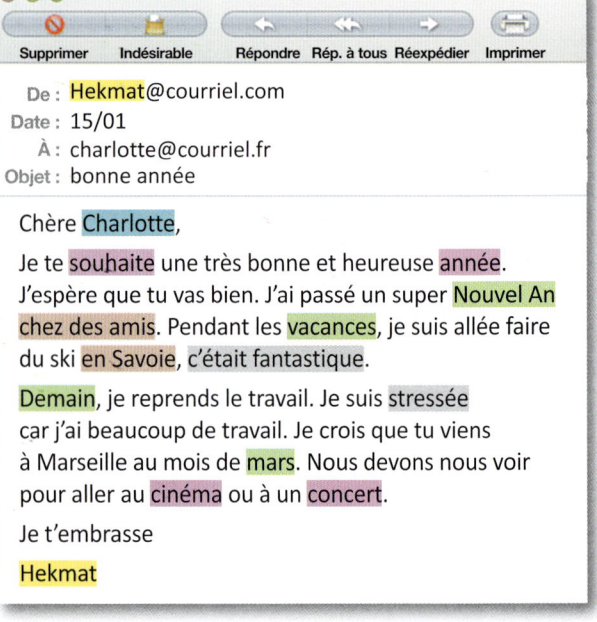

De : Hekmat@courriel.com
Date : 15/01
À : charlotte@courriel.fr
Objet : bonne année

Chère Charlotte,

Je te souhaite une très bonne et heureuse année. J'espère que tu vas bien. J'ai passé un super Nouvel An chez des amis. Pendant les vacances, je suis allée faire du ski en Savoie, c'était fantastique.

Demain, je reprends le travail. Je suis stressée car j'ai beaucoup de travail. Je crois que tu viens à Marseille au mois de mars. Nous devons nous voir pour aller au cinéma ou à un concert.

Je t'embrasse

Hekmat

compréhension des écrits

LES EXERCICES ET LES DOCUMENTS

	Supports possibles	Type d'exercice	Nombre de points
Exercice 1 Lire pour s'orienter DOMAINE PUBLIC	▶ Menus, horaires, prospectus, annonces, pages d'annuaires, signes, panneaux courants, extraits de catalogue	Un tableau d'appariement (associer)	6 points
Exercice 2 Lire une correspondance DOMAINE PERSONNEL	▶ Lettre standard (demandes d'information), lettre personnelle, faire-part	Un questionnaire (6 QCM)	6 points
Exercice 3 Lire des instructions DOMAINE PROFESSIONNEL	▶ Règlement, mode d'emploi, recette de cuisine, message personnel contenant des instructions	Un questionnaire (6 QCM)	6 points
Exercice 4 Lire pour s'informer DOMAINE PUBLIC	▶ Brochure, article de journaux, affiche publicitaire, guide touristique	Un questionnaire (2 Vrai/Faux et 4 QCM)	7 points

LA CONSIGNE

Dans l'épreuve du DELF A2, il y a une consigne pour chacun des quatre exercices. Elle donne la situation de l'activité et ce que vous devez faire.

LES QUESTIONS ET LES RÉPONSES

Les questions sont toujours dans l'ordre du document.
Les réponses aussi.
Les questions se présentent sous trois formes :
– **un tableau d'appariement :**
cocher la bonne case pour associer un document à une personne ;
– **les questions à choix multiples (QCM) :**
sélectionner la bonne réponse parmi les trois choix.
Il n'y a qu'une seule réponse correcte ;
– **les questions vrai/faux :**
cocher pour indiquer si une affirmation est vraie ou fausse.

PRÊT POUR L'EXAMEN

S'entraîner à :
- observer et identifier les types de documents ;
- découvrir le sens général du texte ;
- associer des indices aux mots-clés ;
- porter son attention sur tous les éléments qui facilitent la compréhension d'un document (image, titre, lieu, date, thème...) ;
- lire la presse francophone sur Internet.

SE PRÉPARER

1 Lire pour s'orienter

— Repérer des informations chiffrées

Activité 1

Observez les documents et **répondez** aux questions.

	TF1	France 2	France 3
13 h 00	Le journal	Le journal	Dans votre assiette (cuisine)
13 h 45	Météo	Consomag	Météo
13 h 55		Météo	
14 h 50	Ma vie volée (téléfilm)	Toute une histoire (émission)	Keno (jeu)
16 h 00	New York, police judiciaire (série)	Le Renard (téléfilm)	Nous nous sommes tant aimés (film de François Truffaut)
17 h 20		Paris sportif (sport)	Culurebox (émission musicale)
19 h 10	Demain nous appartient (série)		Un livre, un jour (magazine littéraire)

1. À quelle heure est le journal sur France 2 ?
   ☐ 13 h 00
   ☐ 13 h 45
   ☐ 13 h 55

2. À quelle heure est la météo sur TF1 ?
   ☐ 13 h 45
   ☐ 13 h 55
   ☐ 19 h 10

3. Quelle chaîne propose une émission sur le sport ?
   ☐ TF1
   ☐ France 2
   ☐ France 3

4. À quelle heure pouvez-vous regarder une émission de cuisine ?
   ☐ 13 h 00
   ☐ 13 h 45
   ☐ 14 h 50

5. Quand pouvez-vous regarder une émission de jeux ?
   ☐ Le matin.
   ☐ L'après-midi.
   ☐ Le soir.

compréhension des écrits

Activité 2

Lisez les documents, **entourez** tous les chiffres puis **complétez** le tableau.

Danse
Tél : 06 18 73 32 06
Lieu de pratique : gymnase
Public concerné : à partir de 8 ans
courriel : danse@hotmail.fr
Tarif : 300 € / an

CLUB DE BOXE
Contact : Thomas
Tél : 07 42 43 94 48
Lieu de pratique : Centre sportif
Public concerné : de 5 à 77 ans
Site web : www.rmboxing.com
Tarif : 75 € par trimestre

KARATÉ
Contact : Mohammed (06 85 98 66 25)
Lieu de pratique : Centre sportif
Public : de 4 à 77 ans
Courriel : usmakarate@hotmail.fr
Tarif : 15 € par mois

FOOTBALL
Contact : Amadou
Tél : 07 00 39 54 74
Lieu de pratique : Centre sportif
Public concerné : de 6 à 45 ans
Courriel : usmaudonienne@lpifff.fr
Tarif : 230 € par an

NATATION
Contact : Jean-Michel
Tél : 07 09 53 73 75
Lieu de pratique : piscine Delaune
Public concerné : bébés à partir de 6 mois
Courriel : usmanatation@free.fr
Tarif : 120 € par an

Gymnastique senior
Contact : Christiane
Tél : **06 67 11 31 77**
Lieu de pratique : gymnase Marie Curie
Public concerné : à partir de 50 ans
Courriel : usma@wanadoo.fr
Tarif : 450 euros par an

	Danse	Boxe	Karaté	Gymnastique	Natation	Football
Numéro de téléphone						
Âge						
Tarif / Prix						

41

SE PRÉPARER

— Repérer des lieux ou des activités

Activité 3

Lisez les documents puis **complétez** le tableau.

DOC A

exposition photographique
AU CŒUR DES FEMMES
GUY PRUDHON
Du 22 janvier au 6 mars 2022
Cathédrale ND-de-la-Treille
Place Gilleson – Lille
Vernissage le 22 janvier à 18 h 30

DOC B

MARION GINDUS
« LES SOURCES DE LA MUSIQUE »
EXPOSITION D'AQUARELLES
Du samedi 24 octobre au dimanche 31 janvier
MUSÉE DE LA MAIRIE
32 rue de l'espoir – 59100 ROUBAIX
Tous les jours sauf lundi de 11 h 00 à 15 h 00
vendredi de 11 h à 20 h, samedi et dimanche de 13 h à 18 h

DOC C

La carte, miroir des hommes, miroir du monde
Une exposition qui fait voyager dans l'histoire de la géographie et des progrès scientifiques.
Du 11 janvier au 19 février
Espace Culture, Campus Cité Scientifique
(Lille 1), Villeneuve d'Ascq
Tél. 03 70 53 69 19

DOC D

VISITES CONCERTS À L'OPÉRA DE PARIS
Visite guidée de l'Opéra de Paris, suivie d'un concert
du mercredi 2 au mercredi 16 mars (de 16 h 30 à 19 h 00)
Lieu : 19 rue de l'Écrivain, 75011 Paris

	Document A	Document B	Document C	Document D
Type d'activité				
Lieu de l'activité				

compréhension des écrits

▬ **Trouver les informations importantes**

Activité 4

Lisez les trois documents, **repérez** les mots-clés (trois par document). Entourez-les pour vous aider. **Répondez** aux questions.

VERCORS TRAPPEURS

Offre réservée aux 18-39 ans
7 jours / 6 nuits
Départ possible : **du 14/02 au 06/03**

Activités : Raquettes à neige, chiens de traîneau
Séjour en itinérance
Intensité physique : ■ ■ ▫ ▫

à partir de
899 € / pers
Tout compris
Hors transport

DÉTAIL & INSCRIPTION >

+ Ajouter à ma sélection

VERCORS NATURE

Offre réservée aux 18-39 ans
7 jours / 6 nuits
Départ possible : **du 21/02 au 13/03**

Activité : Raquettes à neige
Séjour en itinérance
Intensité physique : ■ ■ ▫ ▫

à partir de
499 € / pers
Tout compris
Hors transport

DÉTAIL & INSCRIPTION >

+ Ajouter à ma sélection

VERCORS NORDIQUE

Offre réservée aux 18-39 ans
7 jours / 6 nuits
Départ possible : **du 21/02 au 06/03**

Activité : Ski de randonnée nordique
Séjour en itinérance
Intensité physique : ■ ■ ▫ ▫

à partir de
640 € / pers
Tout compris
Hors transport

DÉTAIL & INSCRIPTION >

+ Ajouter à ma sélection

1. Quel est le séjour le moins cher ?
   ☐ Vercors nature ☐ Vercors trappeurs ☐ Vercors nordique

2. Quel séjour choisissez-vous si vous aimez faire du ski de randonnée ?
   ☐ Vercors trappeurs ☐ Vercors nordique ☐ Vercors nature

3. Quel séjour pouvez-vous choisir si vous êtes disponible entre le 6 mars et le 13 mars ?
   ☐ Vercors nordique ☐ Vercors nature ☐ Vercors trappeurs

SE PRÉPARER

Activité 5

Lisez les documents du programme culturel de l'Alliance française, **repérez** les mots-clés (trois par document). Entourez-les pour vous aider. **Complétez** le tableau.

De Gaulle

**Film historique – 2020 – 1 h 49
Réalisé par Gabriel Le Bomin
Avec : Lambert Wilson, Isabelle Carré, Olivier Gourmet**

Mai 1940. C'est la guerre. Un homme, Charles de Gaulle, jeune général, dans l'armée veut changer l'histoire. Sa femme, Yvonne de Gaulle, l'aide beaucoup, mais très vite les événements les séparent. Yvonne et ses enfants doivent quitter Paris. Charles part à Londres en Angleterre.

Jeudi 02 septembre — 14:00 Auditorium

Musée du parfum – Fragonard

Découvrez les secrets de fabrication des parfums ainsi qu'une collection d'objets de parfumerie qui vous feront voyager de l'Antiquité au début du XXe siècle.

Visite guidée en français.

Inscription obligatoire à l'accueil culturel ou par courriel à parfums_culture@alliance.fr

Jeudi 08 septembre — 14:00 Hall Alliance

Effacer l'historique

**Comédie, Drame – 2020 – 1 h 55
Réalisé par Gustave Kervern, Benoît Delépine
Avec : Blanche Gardin, Denis Podalydès, Corinne Masiero
Nationalités Français, Belge**

Dans un lotissement en province, trois voisins sont en prise avec les nouvelles technologies et les réseaux sociaux. Il y a Marie, Bertrand et Christine, chauffeur. Ensemble, ils décident de se battre contre les géants d'Internet.

Mercredi 01 septembre — 14:00 Auditorium

Parcours gourmand

Plongez dans la folie d'un marché parisien !
C'est l'occasion pour vous de rencontrer des artisans qui vous feront partager leur passion et leur quotidien. Vous comprendrez leur métier en en vivant les coulisses, et surtout de goûter les produits qui participent à la richesse de la gastronomie française.

À vous l'ambiance conviviale du marché et des ses étals !

Jeudi 08 septembre — 15:00 Hall Alliance

	De Gaulle	Musée du parfum	Effacer l'historique	Parcours gourmand
Mots-clés				
Type d'activité				
Date de l'activité				

compréhension des écrits

2 Lire une correspondance

— Identifier le type de lettre ou de courriel

Activité 6

Lisez les quatre documents et indiquez de quel type de lettre il s'agit.

DOCUMENT A

Mme Sabrina DUPOND
17 avenue Descartes
59100 ROUBAIX

Roubaix, le 26 mars
À l'attention de la Direction
École Lagarde
32 place de la Gare
13000 Marseille

Objet : Candidature spontanée pour un poste de professeur

Madame, Monsieur,

Ayant suivi un cursus LEA (Anglais, Espagnol), je souhaite vous transmettre ma candidature en tant que Professeur de FLE à plein temps.

En effet, mes diverses expériences dans le domaine administratif et de l'enseignement peuvent contribuer positivement au développement de votre établissement.

C'est donc forte de ces expériences que je souhaiterais m'investir à plein temps dans votre école.

De nature calme et patiente, je fais très attention à favoriser l'apprentissage des étudiants en créant une atmosphère amicale propice à la communication des apprenants

En attendant une réponse de votre part, je vous prie d'agréer, Madame, Monsieur, mes salutations distinguées.

Sabrina DUPOND

DOCUMENT B

Coucou,

J'espère que tu vas bien. Je suis en vacances à Étretat, en Normandie. Je vais à la plage tous les jours et je pense à toi souvent. N'oublie pas de me donner de tes nouvelles. Je t'appelle dès que je suis rentrée.

Bisous,

Linda

45

SE PRÉPARER

DOCUMENT C

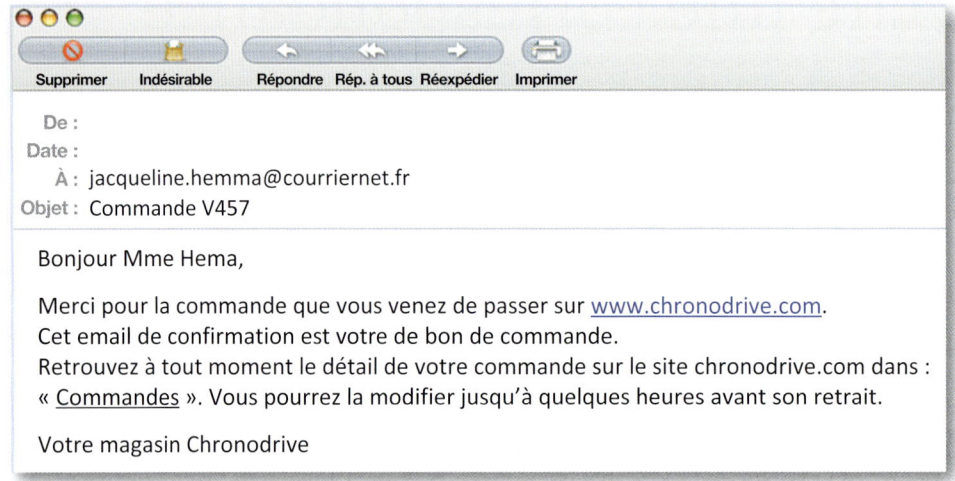

DOCUMENT D

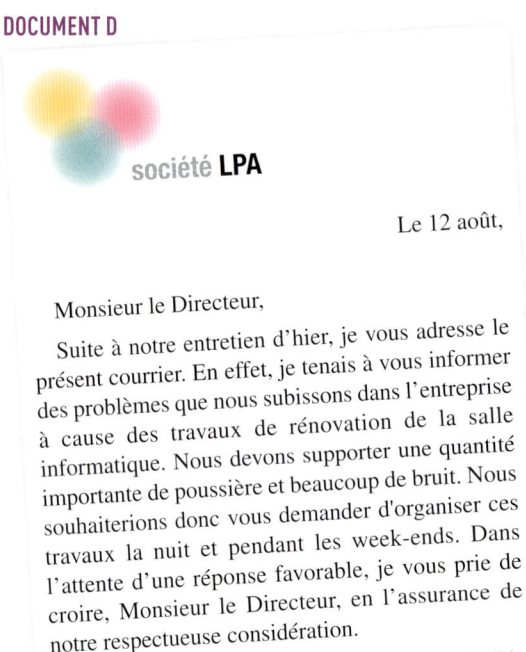

1. La carte postale :
   ☐ Document A   ☐ Document B   ☐ Document C

2. Le courriel :
   ☐ Document B   ☐ Document C   ☐ Document D

3. La lettre de motivation :
   ☐ Document A   ☐ Document C   ☐ Document D

4. La lettre formelle :
   ☐ Document A   ☐ Document C   ☐ Document D

compréhension des écrits

Activité 7

Indiquez à quel type de lettre ou de courriel (courriel personnel, courriel professionnel, carte postale, lettre personnelle, lettre administrative…) appartient le lexique suivant.

Formules (lexique)	Type de lettre ou de courriel
1. Cher / J'espère que tu vas bien / À très vite / Amicalement	
2. Nom de la ville / Monsieur le Trésorier / Je vous informe que je dois… / Votre signature.	
3. Monsieur le Directeur / Je vous écris en réponse à votre offre / Je vous prie de… / Signature (Prénom + Nom).	
4. Ma petite Marie / Comment vas-tu ? / Bisous / Signature (prénom).	
5. Madame, Monsieur / Réclamation / Date / Adresse / Je vous prie de recevoir, Madame, Monsieur, l'expression de mes salutations cordiales	
6. Objet / Bonjour / Nous vous remercions de votre confiance / Cordialement / Le service commercial.	
7. patrick@courriel.fr / Salut / À plus / Signature (prénom)	
8. Coucou / J'espère que vous allez bien / À bientôt / Bisous	
9. Objet : Résiliation du bail / Comme convenu lors de notre entretien téléphonique de ce jour / Je vous prie de croire à l'expression de mes salutations distinguées. / Votre signature	
10. Date du jour / Destinataire / Objet : Mon changement de situation / Vous trouverez ci-joint les justificatifs attestant de ma nouvelle situation.	

▬ Identifier l'objectif d'une lettre

Activité 8

Lisez les lettres et **identifiez** leur fonction.

DOCUMENT A

Chère Martine,

J'espère que tu vas bien et que tu passes de bonnes vacances en France. De mon côté, je suis restée à la maison. Je lis beaucoup et je vais au cinéma. Je ne m'ennuie pas. Donne-moi de tes nouvelles.

Gros bisous,

Pierre

Martine Bourgeois
8 rue Saint-Sabin
33000 Bordeaux

DOCUMENT B

Madame, Monsieur,

Je souhaite m'inscrire à votre club de natation.

Pourriez-vous m'indiquer les documents à fournir pour l'inscription ? Je souhaiterais aussi connaître les horaires des cours collectifs pour les débutants.

Merci de vos réponses.

Bien cordialement.

Paul Codu

SE PRÉPARER

DOCUMENT C

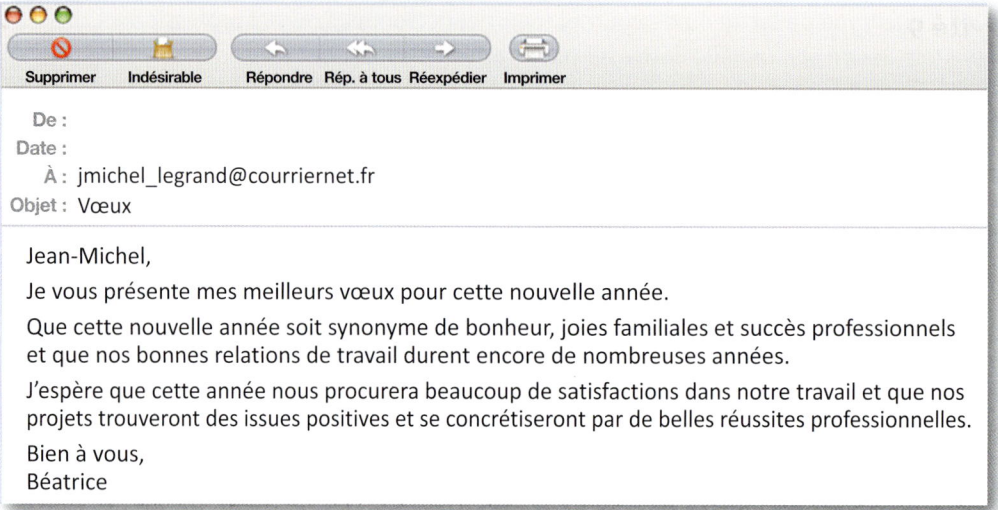

De :
Date :
À : jmichel_legrand@courriernet.fr
Objet : Vœux

Jean-Michel,

Je vous présente mes meilleurs vœux pour cette nouvelle année.

Que cette nouvelle année soit synonyme de bonheur, joies familiales et succès professionnels et que nos bonnes relations de travail durent encore de nombreuses années.

J'espère que cette année nous procurera beaucoup de satisfactions dans notre travail et que nos projets trouveront des issues positives et se concrétiseront par de belles réussites professionnelles.

Bien à vous,
Béatrice

DOCUMENT D

Sandrine RIGAUD
4 rue des Amandiers
75014 PARIS

PUBLICITIS
Direction des
Ressources Humaines

Paris, le 10 mars

Objet : Demande de stage

Madame, Monsieur,

Étudiante en Master 2, je dois faire un stage professionnel de 3 mois que j'aimerais effectuer au sein de votre entreprise. Je vous prie donc de bien vouloir trouver, ci-joint, mon CV.

Je reste bien entendu à votre disposition pour un entretien et tout renseignement complémentaire.

Dans cette attente, je vous prie d'agréer, Madame, Monsieur, l'expression de mes salutations respectueuses.

Rigaud

1. Fonction : Souhaiter quelque chose à quelqu'un.
   ☐ Document A   ☐ Document B   ☐ Document C

2. Fonction : Donner des nouvelles.
   ☐ Document A   ☐ Document B   ☐ Document C

3. Fonction : Faire une demande.
   ☐ Document B   ☐ Document C   ☐ Document D

4. Fonction : Demander des renseignements.
   ☐ Document B   ☐ Document C   ☐ Document D

compréhension des écrits

— Comprendre les informations importantes

Activité 9

Lisez les courriers puis **complétez** le tableau.

LETTRE A

M. Pierre MARCHAL
131 avenue Balzac
54000 Nantes

Mairie de Nantes
Grand Place
54000 Nantes

Nantes, le 12 mars 2022

Objet : demande de salle

Monsieur le Maire,

Pour organiser les réunions de notre association « Les amis de Nantes », nous souhaiterions pouvoir réserver une salle municipale tous les mardis soir de 18 h 00 à 22 h 00. Nous nous tenons à votre disposition pour tous renseignements complémentaires utiles.

En espérant que vous pourrez répondre favorablement à notre demande, nous vous prions d'agréer, Monsieur le Maire, l'expression de nos respectueuses salutations.

Pierre MARCHAL
Président de l'association

LETTRE B

M. et Mme MARCHAL
15 avenue Descartes
59100 Roubaix

Crèche « Les petits poussins »,
12 rue Neuve
59000 Lille

Roubaix, le 1er juin 2022

Objet : inscription en crèche

Madame la Directrice,

Parents d'une petite fille née le 27 décembre dernier, mon épouse doit reprendre son activité professionnelle le 1er septembre. Afin de nous organiser au mieux, nous souhaiterions inscrire notre fille dans votre établissement. Nous vous remercions de nous confirmer que cela est possible. Dans tous les cas, nous restons à votre disposition pour tout renseignement complémentaire.

Espérant une réponse positive de votre part, nous vous prions d'agréer, Madame la directrice, l'expression de notre considération distinguée.

Émilie et Pierre Marchal

	Lettre A	Lettre B
Destinataire		
Expéditeur		
Objet		
Date		
Signature		
Formules de politesse		

SE PRÉPARER

Activité 10

Associez un élément à chaque lettres (A à L) :

1. Paris, le 2 septembre 2022 :
   → ....

2. Madame Papin,
   15, rue Delvau,
   59800 Lille :
   → ....

3. 22 mars 2022 :
   → ....

4. Hugo Dupond (une signature manuscrite) :
   → ....

5. Monsieur, :
   → ....

6. Papin (une signature manuscrite) :
   → ....

7. Changement de compte :
   → ....

8. Nous vous prions d'agréer, Monsieur, l'expression de notre considération distinguée. :
   → ....

9. Madame, :
   → ....

10. Je vous prie d'agréer, Madame, l'expression de ma considération distinguée. :
    → ....

11. Envoi de documents :
    → ....

12. Hugo Dupond,
    6, rue de l'Odéon,
    75006 Paris :
    → ....

LETTRE A

EXPÉDITEUR
...... A ......
....
....
Tel. 07 16 07 70 40
Numéro d'allocataire : 6015555

                  Mme LEPERS
                  Caisse du Nord
                  59862 Lille

Ville, date ...... B ......
Objet : .... C ....
Destinataire : .... D ....

Je vous invite à noter mes nouvelles coordonnées bancaires correspondant au compte sur lequel vous devrez désormais effectuer les virements me concernant ou concernant mes enfants Gaspard (18/05/11) et Pauline (27/12/12). Vous trouverez donc, ci-joint, un relevé d'identité bancaire.

Formule de prise de congé : .... E ....
....

Signature : ...... F ......

LETTRE B

EXPÉDITEUR
...... G ......
....
....
Dossier sinistre n° 201 133 059 275 C

           Assurances du Crédit Mutuel
           Monsieur Eric ALTENBACH

Objet : ...... H ......
....
              Lille, date : ...... I ......
Destinataire : .... J ....

Comme suite à votre courrier du 28 février, nous vous prions de bien vouloir trouver, ci-joint, les justificatifs demandés.

Formule de prise de congé : .... K ....
....

Signature : ...... L ......

compréhension des écrits

3 Lire des instructions

— Comprendre un mode d'emploi

Activité 11

Observez le document et **répondez** aux questions suivantes.

Chercher un nom dans mon répertoire

Voici comment utiliser cette fonction dans votre téléphone portable :

Depuis l'écran d'accueil :

① Appuyez sur la touche FLÈCHE HAUT.
② Sélectionnez CONTACTS.
③ Appuyez sur la touche DÉCROCHER : Vous accédez à votre répertoire.
④ À l'aide du clavier, saisissez les premières lettres du nom du contact recherché.
⑤ À l'aide de la touche FLÈCHE BAS, sélectionnez le contact recherché.
⑥ Vous pouvez passer l'appel en appuyant sur la touche DÉCROCHER.
⑦ Sinon, appuyez plusieurs fois sur la touche pour revenir à l'écran d'accueil.

Vous revenez à l'écran d'accueil.

---

1. Qu'est-ce que c'est ?
   ☐ Un répertoire.
   ☐ Un mode d'emploi.
   ☐ Une liste.

2. À quoi ça sert ?
   ☐ À créer un contact.
   ☐ À appeler.
   ☐ À chercher un nom.

3. De quel objet parle-t-on ?
   ☐ D'un téléphone.
   ☐ D'un écran.
   ☐ D'un répertoire.

Activité 12

Observez le document et **répondez** aux questions suivantes.

1. Qu'est-ce que c'est ?
   ☐ Un mode d'emploi.
   ☐ Une recette.
   ☐ Un règlement.

2. À quoi ça sert ?
   ☐ À faire un café.
   ☐ À remplir le réservoir.
   ☐ À mettre une dose de café.

3. De quel objet parle-t-on ?
   ☐ D'un café.
   ☐ D'une dose de café.
   ☐ D'une cafetière.

Pour faire un café avec votre machine PASSIMO, vous devez réaliser les opérations suivantes :

▸ Branchez le fil dans une prise électrique.

▸ Remplissez le réservoir d'eau fraîche jusqu'au repère MAX.

▸ Appuyez sur le bouton « marche ».

▸ Mettez une dose de café en haut de la machine.

▸ Placez une tasse en bas de la machine.

▸ Quand le bouton est vert, appuyez dessus, le café va couler.

SE PRÉPARER

Activité 13

Lisez les règlements suivants. **Indiquez** si c'est une obligation ou une interdiction en cochant.

		Obligation	Interdiction
1	Il ne faut pas jeter ses papiers dans la rue.		
2	Il faut mettre les bouteilles en plastique dans des poubelles spéciales.		
3	À l'école, on doit respecter ses professeurs.		
4	Il ne faut pas faire de feu dans la forêt.		
5	On doit tenir son chien en laisse quand on est en ville.		
6	Il ne faut pas circuler en vélo sur ce chemin.		
7	Dans la rue, on ne peut pas stationner sur les trottoirs.		
8	Au zoo, il est interdit de nourrir les animaux sauvages.		
9	Il faut éteindre la lumière quand on quitte une pièce.		
10	Vous devez saluer le directeur.		

Activité 14

Voici le règlement intérieur d'un centre de formation. **Lisez**-le et **répondez** aux questions.

RÈGLEMENT

Dans notre centre, il y a des règles à respecter...
› Vous devez saluer les professeurs et le directeur.
› Vous devez arriver à l'heure.
› Vous devez respecter les élèves et les professeurs.
› Il ne faut pas jeter vos papiers par terre.
› Il faut mettre les bouteilles en plastique dans des poubelles spéciales.
› Il faut éteindre la lumière quand on quitte une pièce.

1. À qui devez-vous dire bonjour ?
   ☐ Aux élèves.
   ☐ À vos parents.
   ☐ Aux enseignants.

2. Qu'est-ce qu'il est interdit de faire ?
   ☐ Utiliser les poubelles dans la cour.
   ☐ Jeter des papiers n'importe où.
   ☐ Allumer la lumière dans la classe.

3. Où devez-vous mettre les objets en plastique ?
   ☐ Dans votre sac.
   ☐ Dans un bac spécial.
   ☐ Dans la poubelle de la classe.

4. Que devez-vous faire quand vous quittez une salle ?
   ☐ Fermer la porte à clé.
   ☐ Éteindre la lumière.
   ☐ Sortir la poubelle.

compréhension des écrits

— Comprendre des recettes de cuisine

Activité 15

Lisez la recette. **Répondez** aux questions.

Recette du gâteau à la crème fraîche

– Battre 4 œufs + 150 g de sucre.
– Ajouter 200 g de farine + 2 sachets de levure.
– Mélanger.
– Ajouter 200 g de crème fraîche puis mélanger.
– Mettre au four 35 mn à 180°C.

1. Quelle quantité de farine faut-il ?   ☐ 150 g.   ☐ 180 g.   ☐ 200 g.

2. Quand devez-vous mettre la crème fraîche ?   ☐ Au début.   ☐ Au milieu.   ☐ À la fin.

Activité 16

Lisez la recette. **Répondez** aux questions.

Gratin dauphinois

Temps de préparation : 25 minutes
Temps de cuisson : 60 minutes

Ingrédients (pour 6 personnes) :
– 1 kg de pommes de terre
– de l'ail réduit en purée
– 30 cl de crème
– sel, poivre et noix de muscade
– 100 g de beurre
– 1 l de lait

Préparation de la recette :

1. Éplucher, laver et couper les pommes de terre en rondelles fines.
2. Mettre dans une casserole le lait, l'ail, le sel, le poivre et la muscade. Quand l'eau est très chaude, plonger les pommes de terre et laisser cuire 10 à 15 min.
3. Placer les pommes de terre dans un plat beurré, recouvrir de crème, puis mettre des petits morceaux de beurre.
4. Cuire à feu doux (thermostat 6) pendant 50 min à 1 heure.

1. C'est une recette :   ☐ sucrée.   ☐ salée.

2. Combien d'ingrédients faut-il pour la recette ?   ☐ 6   ☐ 7   ☐ 8

3. Comment sont présentées les étapes de la préparation ?
☐ De la plus facile à la plus difficile.
☐ Dans l'ordre où il faut les faire.
☐ De la plus rapide à la plus longue.

4. Par quoi commencent les étapes de la préparation ?
☐ Un nom.   ☐ Un verbe.   ☐ Un adjectif.

SE PRÉPARER

— Lire des messages personnels contenant des instructions

Activité 17

Remettez dans l'ordre les phrases du courriel qu'Irène envoie à ses amis.

Chers amis,
A - Ensuite, marchez en direction de l'hôpital, mon immeuble se trouve juste avant.
B - à ma soirée d'anniversaire
C - Je vous embrasse.
D - qui a lieu samedi prochain.
E - Je vous envoie ce courriel pour vous inviter
F - J'espère que vous pourrez tous venir.
G - La fête a lieu dans mon appartement (134 rue de Lille).
H - Pour venir, prenez d'abord le bus n° 18 et descendez à l'arrêt « Hôpital », rue de Lille.
I - Appelez-moi très vite pour confirmer votre présence (07 78 89 90 90).
J - Puis, sonnez au n° 2. Je vous ouvrirai.
K - Je vous donne rendez-vous à 20 heures.
Irène

Ordre : ...... / ...... / ...... / ...... / ...... / ...... / ...... / ...... / ...... / ...... / ......

Activité 18

Lisez le message. **Répondez** aux questions.

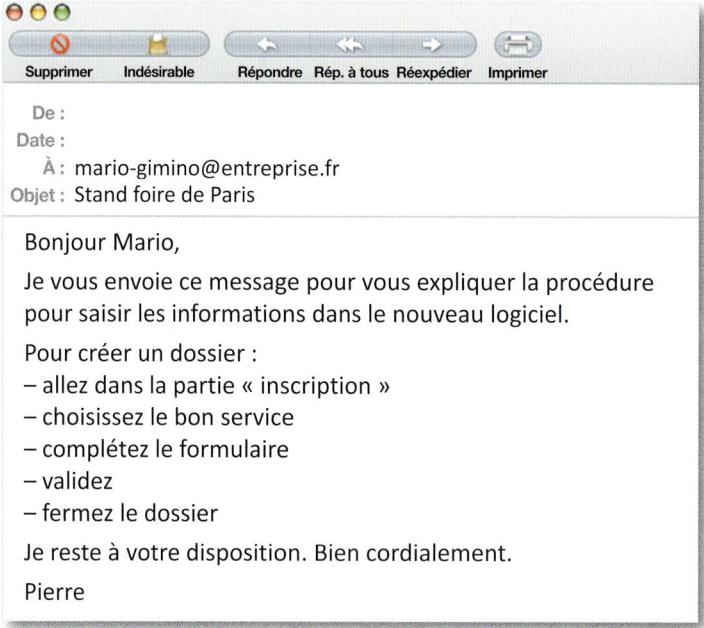

1. À quoi sert ce message ?
   ☐ À comprendre des informations.   ☐ À expliquer une procédure.   ☐ À créer un dossier.

2. Combien d'étapes doit suivre Mario ? ☐ 5   ☐ 6   ☐ 7

3. Par quel mot grammatical commencent les étapes ?
   ☐ Un nom.   ☐ Un adjectif.   ☐ Un verbe.

4. Quel est le temps utilisé pour donner des instructions ?
   ☐ Le présent.   ☐ L'impératif.   ☐ Le futur.

4 Lire pour s'informer

Lire des affiches publicitaires

Activité 19

Observez l'affiche et **répondez** aux questions.

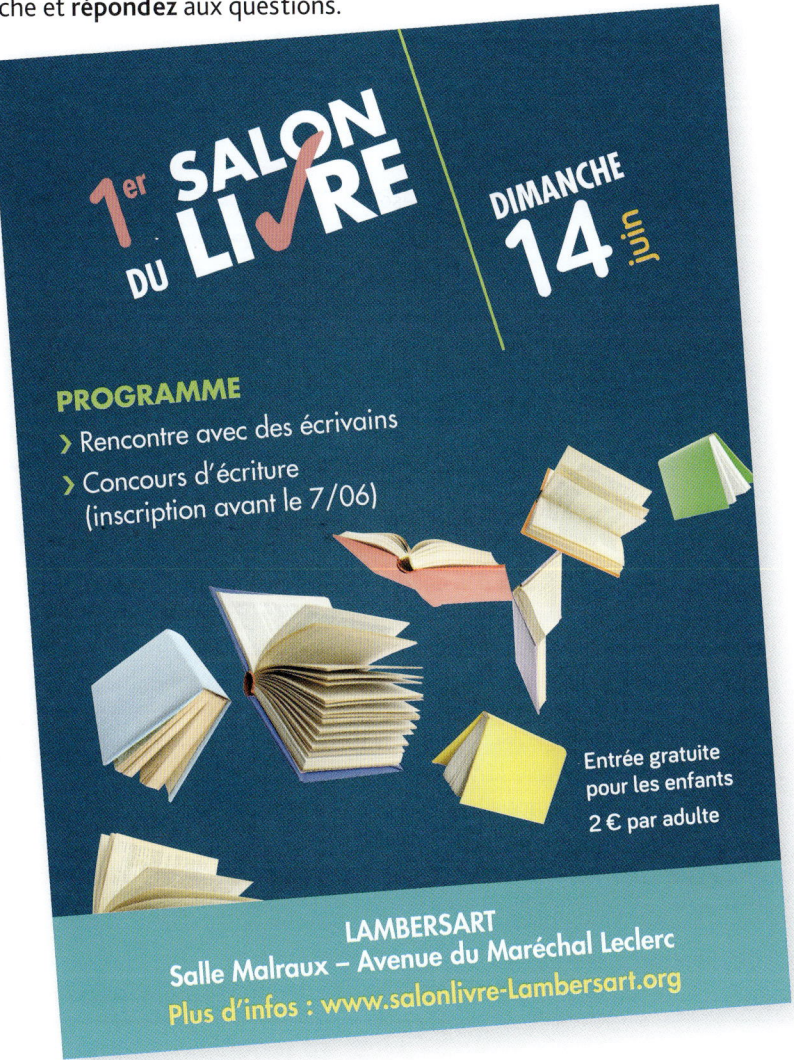

1. Ce document donne…
   ☐ des informations.   ☐ des instructions.   ☐ des procédures.

2. Quand a lieu l'événement ?
   ☐ Le 7 juin.   ☐ Le 10 juin.   ☐ Le 14 juin.

3. Qui peut y participer ?
   ☐ Tout le monde.   ☐ Les professionnels.   ☐ Les adultes seulement.

4. Qui pouvez-vous rencontrer ?
   ☐ Des auteurs.   ☐ Des vendeurs.   ☐ Des animateurs.

SE PRÉPARER

— Comprendre des documents informatifs

Activité 20

Lisez le texte puis **répondez** aux questions.

DESTINATION VACANCES

Où les Français partiront-ils en vacances cet été ?

La moitié des Français partiront en vacances cet été. Quelles sont leurs régions préférées ? Quels moyens de transport vont-ils choisir ?

La mer, star des destinations

Coquillages et crustacés font rêver les Français. Parmi ceux qui partiront, 51 % se rendront à la plage et 16 % iront à la montagne.

La région préférée de leurs vacances ? La région Provence-Alpes-Côte d'Azur, qui sera visitée par 23 % des Français cet été. Elle est suivie de la Nouvelle-Aquitaine, où 18 % des Français se rendront, puis de l'Occitanie, choisie par 15 % des répondants. L'Auvergne-Rhône-Alpes (13 %), la Bretagne (13 %) et la Normandie (6 %) ferment le top 6 du classement.

Pour se rendre sur leur lieu de vacances, la plupart des Français utiliseront leur voiture (77 %). Quelques-uns prendront le bus (6 %) et d'autres le train (17 %).

© Version Femina, Elsa Rouden
21/05/2020

1. Quelle est la destination préférée des Français ?
  ☐ Le bord de mer.   ☐ La campagne.   ☐ La montagne.

2. Combien de Français se rendent dans la région Provence-Alpes-Côte d'Azur ?
  ☐ 15 %.   ☐ 18 %.   ☐ 23 %.

3. Quelle région est la moins visitée par les Français ?
  ☐ La Bretagne.   ☐ La Normandie.   ☐ L'Auvergne.

4. Quel moyen de transport les Français utilisent-ils le plus pendant les vacances ?
  ☐ Le bus.   ☐ Le train.   ☐ La voiture.

compréhension des écrits

Activité 21

Lisez le texte puis **répondez** aux questions.

ALIMENTATION

La Fraise, le fruit des beaux jours

Découvrez tout ce que vous devez savoir sur les fraises !

En France, la fraise est le fruit par excellence qui annonce les beaux jours.
Sucrée, parfois un peu acide, la fraise est souvent rouge, mais pas toujours ! Il existe aussi des fraises orangées ou blanches. Une fraise pèse 10 grammes en moyenne. On cultive la fraise dans plusieurs régions de France.

Les avantages de la fraise pour la santé

La fraise est un fruit qui apporte beaucoup de vitamines. C'est un fruit peu calorique, on peut donc en consommer sans risque de grossir.

Quelle est la saison pour manger des fraises ?

Il existe plusieurs sortes de fraises. Grâce à ça, en France, on peut commencer à manger des fraises à partir du 15 mai et jusqu'à la fin du mois d'août.

D'après CuisineAZ

1. De quelle couleur sont les fraises ?
   ☐ Toujours rouges.   ☐ Rouges et orange.   ☐ De plusieurs couleurs.

2. Les fraises sont cultivées :
   ☐ seulement dans le sud de la France.
   ☐ dans plusieurs régions françaises.
   ☐ uniquement à l'étranger.

3. Quel avantage présente le fruit ?
   ☐ Il nous fait maigrir.   ☐ Il donne de l'énergie.   ☐ Il protège notre corps.

4. Que trouve-t-on dans la fraise ?
   ☐ Beaucoup de sucre.   ☐ Plusieurs vitamines.   ☐ Des éléments gras.

5. Quand peut-on manger des fraises ?
   ☐ Toute l'année.   ☐ En été.   ☐ En hiver.

S'ENTRAÎNER

1 Lire pour s'orienter

▸ Pour chaque document :
  – lisez la consigne de l'exercice ;
  – identifiez bien la situation de communication ;
  – lisez ensuite le document ;
  – répondez aux questions.

Exercice 1   (6 points)

Vous habitez en France et vous recevez des amis étrangers pour les vacances. Vous voulez proposer des activités à vos amis. Vous **lisez** ces annonces à l'Office du tourisme. Qu'allez-vous proposer à chacun de vos amis ? **Associez** chaque document à la personne correspondante.

▸ Répondez aux questions :
  – quel est votre rôle ? *Vous êtes la personne qui invite.*
  – que devez-vous faire ? *Proposer des activités à des amis.*
  – quelle est la situation de communication ? *Vous conseillez des amis.*
▸ Observez l'exercice : il y a six petits textes et un tableau avec huit phrases.
  Dans cet exercice, vous devez associer une personne à un petit texte.
▸ Attention : il y a huit personnes mais seulement six documents.
  Cochez une seule case pour chaque document.
▸ Commencez par lire la situation des personnes du tableau.
  Soulignez les mots les plus importants.
▸ Lisez ensuite les petits textes. Vous n'avez pas besoin de tout comprendre,
  seulement les mots essentiels (les mots-clés). Entourez-les.
▸ Cochez maintenant la personne qui correspond à chaque texte, en fonction
  des mots-clés que vous avez repérés (une seule case pour chaque document).

DOCUMENT 1

DANSE À DEUX

Le Gymnase de Roubaix organise, tous les week-ends, des ateliers de danse en duo : un parent et un enfant.

DOCUMENT 2

Découvrez l'espace

Découvrez l'Univers dans une salle de projection à 360°.

Chaque séance débute par un voyage spatial.
Une expérience inoubliable !

compréhension des écrits

DOCUMENT 3

Tout l'univers des marins-pêcheurs

Dans une ancienne usine de fabrication de filets de pêche, découvrez le centre de la pêche en mer.

DOCUMENT 4

APRÈS-MIDI jeux de société

Découvrez les jeux de société actuels ou classiques.

Venez nombreux pour vous amuser entre amis.

DOCUMENT 5

Rencontrez des ânes

La ferme des ânes ouvre gratuitement ses portes au public.
À 18 h 00, les enfants peuvent nourrir les animaux.

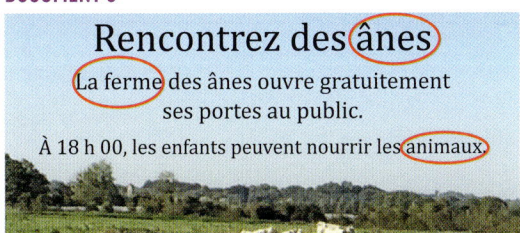

DOCUMENT 6

Compétition sportive

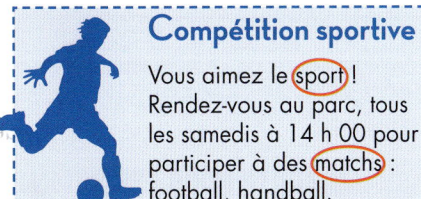

Vous aimez le sport ! Rendez-vous au parc, tous les samedis à 14 h 00 pour participer à des matchs : football, handball.

Personnes	Document 1	Document 2	Document 3	Document 4	Document 5	Document 6
A. Alice a un enfant qui adore les animaux.					✗	
B. Pablo a une fille qui pratique la danse.	✗					
C. Kristel aime la mer et se passionne pour l'environnement.			✗			
D. Gabriel est très sportif.						✗
E. Marie voudrait devenir cuisinière.						
F. Peter veut devenir astronaute pour monter dans une fusée.		✗				
G. Paul aime beaucoup le cinéma français.						
H. Mustafa adore s'amuser entre amis et jouer aux cartes.				✗		

CE QUE JE RETIENS

▶ Qu'est-ce qu'on me demande de faire dans la consigne ?
▶ Dans quel ordre faut-il que je lise les documents ?
▶ Quels sont les mots-clés ?
▶ Comment dois-je faire pour associer les personnes aux petits textes ?

S'ENTRAÎNER

Exercice 2 (6 points)

Vous habitez en France et vous recevez des amis étrangers pour les vacances. Vos amis veulent faire du sport. Vous **lisez** ces annonces dans un magazine. Qu'allez-vous proposer à chacun de vos amis ? **Associez** chaque document à la personne correspondante.

DOCUMENT 1

Gym suédoise
Envie de vous mettre au sport en famille ?

Venez aux cours de gym suédoise famille du dimanche !

DOCUMENT 2

Chaussez vos patins !

Venez profiter de la patinoire de 1 456 m² ! L'endroit est idéal pour s'amuser entre amis et patiner.

DOCUMENT 3

EN ROUTE POUR LES SOMMETS

Chez *What's Up*, vous pourrez faire de l'escalade sans corde mais avec un tapis ou sur paroi.

DOCUMENT 4

Un séjour en bord de Belgique

Vous aimez les randonnées dans la campagne et les châteaux ? La province de Namur, en Belgique, est pour vous.

DOCUMENT 5

Vive les sensations fortes !

Vous aimez le vélo et vous n'avez pas peur ? Foncez au vélodrome couvert de Roubaix !

DOCUMENT 6

Jetez-vous à l'eau

Vous aimez nager. Venez découvrir la nage en extérieur. Vous pourrez nager dans des milieux naturels : rivières et lacs de la région.

▶ Si vous ne connaissez pas un mot, ne vous inquiétez pas. Essayez de comprendre grâce aux autres mots.

Personnes	Document 1	Document 2	Document 3	Document 4	Document 5	Document 6
A. Manuel se déplace toujours à vélo.						
B. Mohammed aime la nature et les promenades.						
C. Kristel aime les sports d'hiver et adore glisser.						
D. Reem aime les sports aquatiques.						
E. Bassem aime les sports automobiles.						
F. Peter adore la montagne et grimper.						
G. Mira adore la danse classique.						
H. Paloma veut faire un sport calme en famille.						

compréhension des écrits

Exercice 3 (6 points)

Vous habitez en France et vous devez aider vos amis à organiser plusieurs soirées.
Vous **lisez** plusieurs descriptions de restaurants. Qu'allez-vous proposer à chacun de vos amis ?
Associez chaque document à la personne correspondante.

DOCUMENT 1

Mes Nil Mon Temps
Ce restaurant traditionnel français situé à la campagne peut accueillir plus de 20 personnes. On y mange une cuisine régionale.

DOCUMENT 2

LE FAIT MAISON
C'est un restaurant qui propose des plats simples et qui se trouve en plein centre-ville. Connexion à Internet gratuite.

DOCUMENT 3

UNE TASSE DE THÉ *chez Eglantine*
Voici un endroit sympa pour un goûter avec vos enfants, il y a tout pour les occuper !

DOCUMENT 4

La Dinette
Un restaurant chaleureux où vous pouvez passer une soirée agréable entre amis ! Avec un concert tous les soirs.

DOCUMENT 5

Le Wengo
Entrez dans ce restaurant et partez en voyage : décoration exotique. Venez goûter des plats à base de viande du monde entier !

DOCUMENT 6

Ataya
Venez découvrir des plats originaux et la cuisine méditerranéenne en assistant à un spectacle de danse.

Personnes	Document 1	Document 2	Document 3	Document 4	Document 5	Document 6
A. Hélène aime les endroits très calmes.						
B. Julia veut déjeuner dans un restaurant, en ville, où elle peut se connecter à Internet.						
C. Zerfa aime manger en regardant un spectacle.						
D. Mélanie aime dîner avec ses amis et écouter de la musique.						
E. Mahban veut emmener son mari dans un restaurant qui propose des plats étrangers.						
F. Johanna est végétarienne.						
G. Matilda cherche un lieu pour goûter avec ses enfants.						
H. Mathis doit organiser un dîner avec ses collègues pour 30 personnes.						

PRÊT POUR L'EXAMEN

- Lire les textes plusieurs fois.
- Repérer les mots-clés.
- Faire des associations entre les divers documents.

S'ENTRAÎNER

2 Lire une correspondance

Exercice 4 6 points

Vous travaillez dans une entreprise française. Vous recevez cette lettre. **Répondez** aux questions.

▶ Identifiez la situation de communication : vous êtes employé(e), vous recevez un courrier d'un client.
▶ Observez la lettre et identifiez les informations suivantes :
 – l'expéditeur : qui écrit ?
 – la date : quand ?
 – l'objet : pourquoi l'expéditeur écrit ?
▶ Vous ne devez pas absolument tout comprendre, mais savoir trouver les informations essentielles.
▶ Lisez bien toutes les questions. Elles suivent toujours l'ordre du texte. Repérez sur quoi elles portent : Qui (une personne) / Que/Quoi (un objet ou une action) / Où (un lieu)…
▶ Cochez la bonne réponse (une seule réponse correcte).

Dominique et Jacques CLÉROT　　Assurances du Crédit Mutuel
14 rue des Roses　　　　　　　　　Crédit Mutuel Enseignant
93100 Montreuil　　　　　　　　　125 avenue Aristide Briand
　　　　　　　　　　　　　　　　　92160 ANTONY

Montreuil, le 24 janvier

Objet : changement de domiciliation bancaire

Madame, Monsieur,

Nous vous invitons à enregistrer nos nouvelles informations bancaires correspondant au compte Crédit du Nord (IBAN FR67 3007 6029 5918 023) que vous devez maintenant utiliser pour les contrats d'assurance suivants :
– contrat Santé SC342
– contrat automobile DF 1788
– contrat habitation HA156

Nous vous prions de bien vouloir trouver, ci-joint, un <u>relevé d'identité bancaire</u>.

Pourriez-vous nous appeler au 09 89 76 78 90 pour nous confirmer le changement ?

Nous vous en remercions par avance et vous prions de croire, Madame, Monsieur, en l'expression de nos sentiments distingués.

Dominique et Jacques CLÉROT

compréhension des écrits

1 - Quel est l'objectif de cette lettre ? (1 point)

a. ☐ La confirmation d'un paiement.
b. ☑ L'annonce d'un changement.
c. ☐ La demande d'une information.

2 - Quelles sont les nouvelles informations données par les Clérot ? (1 point)

a. ☐ Une adresse.
b. ☑ Un compte bancaire.
c. ☐ Un numéro de téléphone.

3 - De quel contrat devez-vous vous occuper ? (1 point)

a. ☑   b. ☐   c. ☐

4 - Quel est le code de l'assurance habitation ? (1 point)

a. ☐ DF1788.
b. ☐ SC342.
c. ☑ HA156.

5 - Qu'est-ce que les personnes ont envoyé avec leur courrier ? (1 point)

a. ☐   b. ☑   c. ☐

6 - Qu'est-ce que les personnes vous demandent de faire ? (1 point)

a. ☑ De les appeler.
b. ☐ De vous rencontrer.
c. ☐ De leur envoyer un courrier.

CE QUE JE RETIENS

▶ Faites une lecture méthodique et ACTIVE pour être efficace : lisez un paragraphe à la fois et posez-vous les questions : qui ? que/quoi ? où ? quand ?

S'ENTRAÎNER

Exercice 5   6 points

Votre amie Marie vous écrit pour donner de ses nouvelles.
Lisez la carte postale et **répondez** aux questions.

Québec, le 2 février

Salut Malo,
Comment vas-tu ?
Je fais un stage professionnel au Canada depuis 15 jours et je vis chez des amis de mes parents qui habitent à Montréal, dans un grand appartement, à côté du fleuve Saint-Laurent. C'est super.
Mon stage se passe dans une grande banque canadienne. L'ami de mon père travaille dans cette banque.
Tous les matins, je pars avec lui au travail en voiture. J'apprends beaucoup de choses et je travaille en français. L'après-midi, je vais voir des expositions avec mes collègues et le soir je rentre dîner chez mes amis.
Samedi, mes amis m'emmènent visiter New York (États-Unis). Nous partons en bus.
Je prends l'avion le 15 mars. Je t'appelle en rentrant.
Bises,
Marie

Malo Baret

16 rue de la Mairie

35000 Rennes

▶ Dans une lettre personnelle, on commence souvent par une formule type « J'espère que tu vas bien » ou « Comment vas-tu ? » qui sert d'introduction.

▶ Pour terminer, on utilise des formules simples comme « bises » ou « je t'embrasse ».

1 - Où se trouve Marie ?   1 point

a. ☐ En France.
b. ☐ Au Canada.
c. ☐ Aux États-Unis.

2 - Chez qui Marie habite-t-elle ?   1 point

a. ☐ À l'hôtel.
b. ☐ Chez des amis.
c. ☐ Dans sa famille.

3 - Où travaille Marie ?   1 point

a. ☐   b. ☐   c. ☐

4 - Quand Marie visite-t-elle la ville ?   1 point

a. ☐ Le matin.
b. ☐ L'après-midi.
c. ☐ Le soir.

compréhension des écrits

5 - Quel lieu touristique visite Marie ?   `1 point`

a. ☐ Les musées.

b. ☐ Les zoos.

c. ☐ Les parcs.

6 - Comment Marie va-t-elle aller à New York ?   `1 point`

a. ☐

b. ☐

c. ☐

Exercice 6   `6 points`

Vous dirigez un centre de culture française. **Lisez** le courrier que vous avez reçu et répondez aux questions.

FARRIH Hossein
8, rue Watteau, Orléans - France
Tél : 07 86 35 24 69
Courriel : farrih@yahoo.com

                      Monsieur le Directeur
                      Centre de culture française
                      Orléans, lundi 25 janvier

PJ : Curriculum Vitae
Objet : Candidature au poste de professeur de français

    Monsieur le Directeur,

  Je me permets de vous proposer ma candidature au poste de professeur de français.

  En effet, mon profil correspond à la description recherchée sur l'offre d'emploi que vous avez affichée à l'accueil du centre.

  Je possède un master 2 en français langue étrangère que j'ai obtenu à l'université Paris 7 en 2013. J'ai acquis de l'expérience au sein de plusieurs écoles, pendant 8 ans. J'ai aussi effectué beaucoup de stages.

  Je suis autonome, motivé et j'aime travailler en équipe.

  Restant à votre disposition pour toute information complémentaire, je suis disponible pour vous rencontrer lors d'un entretien à votre convenance.

  Veuillez agréer, Monsieur le Directeur, l'expression de mes sincères salutations.

                              Hossein FARRIH

▶ Dans une lettre administrative, on rappelle d'abord qui l'on est (expéditeur) et à qui l'on écrit (destinataire) avant de commencer la lettre.

▶ On indique le thème et le but de la lettre dans une ligne spéciale qui s'appelle l'objet.

▶ On s'exprime dans un registre de langue courant ou soutenu, et on emploie notamment le vouvoiement.

▶ Pour terminer une lettre administrative, on utilise une formule de politesse spéciale. Il en existe beaucoup, mais les plus courantes sont : « *Je vous prie de recevoir, Madame, Monsieur, l'expression de mes salutations les meilleures / de mes plus cordiales salutations* », qui est neutre.
« *Veuillez agréer, Madame, Monsieur, l'expression de mes salutations les meilleures / de mes plus cordiales salutations* » est plus respectueuse et plus formelle.

1 - Qui est Hossein Farrih ?   `1 point`

a. ☐ L'expéditeur.

b. ☐ Le directeur.

c. ☐ Le destinataire.

S'ENTRAÎNER

2 - Quel document le candidat ajoute à sa lettre ? `1 point`

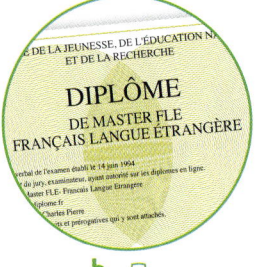
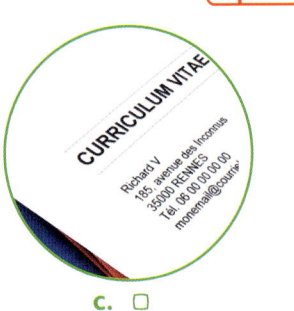

a. ☐   b. ☐   c. ☐

3 - Quel est l'objectif de cette lettre ? `1 point`

▶ Une lettre peut avoir des objectifs très différents ; il faut donc bien observer les éléments présents dans le courrier pour l'identifier : il peut s'agir de raconter un événement (style narratif), de dénoncer un fait ou un événement (style argumentatif), de donner des informations ou des nouvelles (styles descriptif).

a. ☐ Trouver du travail.
b. ☐ Suivre des études.
c. ☐ Faire une rencontre.

4 - Quel est le travail concerné ? `1 point`

a. ☐   b. ☐   c. ☐

5 - Quelle qualité le candidat donne-t-il ? `1 point`

a. ☐ La patience.
b. ☐ L'autonomie.
c. ☐ L'organisation.

6 - Que propose le candidat ? `1 point`

a. ☐ Un stage.
b. ☐ Une rencontre.
c. ☐ Un appel téléphonique.

PRÊT POUR L'EXAMEN

- Repérer les différents éléments qui composent le texte et leur fonction (vouvoiement, formule de politesse, etc.).
- Distinguer les divers types de courrier : administratif, personnel, etc.
- Bien lire les questions.

compréhension des écrits

3 Lire des instructions

Exercice 7 *6 points*

Vous travaillez dans une boulangerie. **Lisez** ces documents et répondez aux questions.

- ▶ Lisez attentivement la consigne.
- ▶ Identifiez la situation de communication : une boulangerie.
- ▶ Lisez d'abord les questions pour orienter votre lecture du texte.
- ▶ Lisez ensuite attentivement le document en repérant les mots-clés et en cherchant les mots que vous avez déjà vus dans les questions (les verbes par exemple).
- ▶ Cochez la bonne réponse (une seule réponse correcte).

DOCUMENT 1

Règles pour accueillir les clients :
- Dire bonjour en souriant quand le client entre dans le magasin.
- Mettre des gants avant de toucher les aliments.
- Porter votre blouse et votre chapeau de travail.
- Enlever les plats vides de la vitrine.
- Ne pas accepter les chèques.
- Donner le ticket de caisse au client.
- Se laver les mains après chaque client.

1 - Que devez-vous mettre avant de toucher les produits ? *1 point*
- **a.** ☐ Une blouse.
- **b.** ☑ Des gants.
- **c.** ☐ Un chapeau.

2 - Quel moyen de paiement devez-vous refuser ? *1 point*
- **a.** ☐ Les cartes de crédit.
- **b.** ☑ Les chèques.
- **c.** ☐ Les billets.

S'ENTRAÎNER

DOCUMENT 2

Entretien de la machine à café

▶ Nettoyez la machine régulièrement avec du vinaigre blanc.
▶ Dégraissez la cafetière avec des pastilles de nettoyage.
▶ Enlevez le filtre.
▶ Jetez le café utilisé à la poubelle ou utilisez-le pour un compost.
▶ Ne versez jamais le café dans l'évier, faute de quoi vous risquez de boucher ce dernier.
▶ N'utilisez jamais la machine à café pour nettoyer des objets.

3 - Avec quoi devez-vous nettoyer la machine ? *(1 point)*

a. ☐ De l'eau.
b. ☑ Du vinaigre.
c. ☐ Du produit vaisselle.

4 - Que devez-vous faire avec le café usagé ? *(1 point)*

a. ☐ Le verser dans un évier.
b. ☑ Le jeter à la poubelle.
c. ☐ Nettoyer des objets.

DOCUMENT 3

La charlotte aux fraises

✔ Mélanger le fromage blanc avec le sucre.
✔ Couper les fraises en quatre.
✔ Ajouter la crème fouettée, le jus de citron avec la gélatine et les fraises en morceaux.
✔ Tremper les biscuits dans du sirop de fraise.
✔ Mettre les biscuits partout dans le moule.
✔ Remplir de fromage blanc aux fraises.
✔ Couvrir de biscuits et filmer.
✔ Mettre au moins 6 heures au réfrigérateur avant de démouler.

5 - Que faut-il faire avec les fraises ? *(1 point)*

a. ☐ Les écraser.
b. ☑ Les couper.
c. ☐ Les sucrer.

6 - Dans quoi faut-il mettre les biscuits ? *(1 point)*

a. ☐ De l'eau.
b. ☑ Du sirop.
c. ☐ De la crème.

CE QUE JE RETIENS

▶ Faites toujours une première lecture du texte pour identifier les informations suivantes :
– de quoi parle-t-il ? = le thème
– à qui s'adresse-t-il ? = destinataire
– quelles informations donne-t-il ? = instructions...
▶ Vous ne devez pas absolument tout comprendre, mais savoir trouver les informations essentielles.

compréhension des écrits

Exercice 8
6 points

Vous travaillez dans un supermarché. **Lisez** ces documents et **répondez** aux questions.

DOCUMENT 1

Pour utiliser le service de livraison, le client doit :

① Utiliser la caisse n°5 réservée aux livraisons.
② Choisir une heure de livraison avec vous.
③ Payer ses courses par carte bancaire.
④ Donner son numéro de téléphone.
⑤ Compléter le formulaire en écrivant correctement son adresse.
⑥ Attendre l'appel du livreur 10 minutes avant d'arriver.
⑦ Vérifier la livraison quand le livreur est chez lui.

1 - Que devez-vous faire choisir au client ? **1 point**
a. ☐ Le jour de la livraison.
b. ☐ Le lieu de la livraison.
c. ☐ L'heure de la livraison.

2 - Qui appelle le client avant la livraison ? **1 point**
a. ☐ La caissière.
b. ☐ Le livreur.
c. ☐ Le directeur.

DOCUMENT 2

Bonjour,
Je suis partie en réunion avec les fournisseurs de produits laitiers. Peux-tu préparer la réunion de cet après-midi avec les vendeurs ? Imprime les documents que je t'ai envoyés par courriel en 10 exemplaires. Va chercher les clés de la salle à l'accueil et installe des chaises et des tables pour 10 personnes. Installe aussi l'ordinateur avec un vidéoprojecteur et prépare du café pour 14 h.
Merci
Virginie

3 - Où sont les documents que vous devez imprimer ? **1 point**
a. ☐ À l'accueil.
b. ☐ Sur votre bureau.
c. ☐ Dans votre ordinateur.

4 - Que devez-vous installer ? **1 point**
a. ☐ Une machine à café.
b. ☐ Un ordinateur.
c. ☐ Des bureaux.

DOCUMENT 3

Voici les consignes laissées par votre collègue qui est parti en vacances.
① Accueillir le livreur de fruits et légumes à 7 h.
② Signer le bon de livraison.
③ Ranger les cartons de fruits et légumes dans la pièce froide.
④ Enlever les fruits et légumes abîmés.
⑤ Mettre les produits en rayon.
⑥ Vérifier les prix.
⑦ Laver les balances avec le produit d'entretien.
⑧ Mettre des sacs.
⑨ Enlever les poubelles.

5 - Que devez-vous faire à 7 h ? **1 point**
a. ☐ Ranger les produits.
b. ☐ Jeter les poubelles.
c. ☐ Rencontrer quelqu'un.

6 - Que devez-vous enlever ? **1 point**
a. ☐ Des cartons.
b. ☐ Des légumes.
c. ☐ Des produits d'entretien.

S'ENTRAÎNER

Exercice 9 (6 points)

Vous travaillez dans une université. **Lisez** ces documents et **répondez** aux questions.

DOCUMENT 1

MODE D'EMPLOI DE LA PHOTOCOPIEUSE

Avant d'utiliser la photocopieuse, lisez le mode d'emploi :
- Vérifier si il y a du papier dans les bacs.
- Allumer la machine.
- Passer votre badge devant le lecteur.
- Indiquer le nombre de copies.
- Choisir impression en couleur ou noir et blanc.
- Définir les options (recto-verso, agrafe…).
- Mettre le document à photocopier.
- Appuyer sur le bouton « marche ».

1 - Que faut-il mettre dans le lecteur ? (1 point)
a. ☐ Du papier.
b. ☐ Une carte.
c. ☐ Des agrafes.

2 - Que devez-vous choisir ? (1 point)
a. ☐ Le nombre de copies.
b. ☐ La couleur du papier.
c. ☐ La taille du document.

DOCUMENT 2

Marie, je suis en formation aujourd'hui. Est-ce que tu peux faire signer le cahier bleu aux professeurs qui viennent chercher les clés des salles de cours ? N'oublie pas de leur demander de rapporter les clés après les cours. La photocopieuse ne fonctionne pas. Peux-tu commander de l'encre noire pour la machine ? Il faut appeler le service technique au 56 67.
Merci, Jorge.

3 - Que doit faire un professeur pour prendre une clé ? (1 point)
a. ☐ Donner une carte.
b. ☐ Signer un document.
c. ☐ Contacter le service technique.

4 - Que faut-il faire pour réparer la photocopieuse ? (1 point)
a. ☐ Téléphoner.
b. ☐ Envoyer un mail.
c. ☐ Aller au service technique.

DOCUMENT 3

Règlement dans le restaurant universitaire

Avant de rentrer dans le restaurant vous devez vous laver les mains.
Le repas coûte 5,50 €. Vous avez droit à une entrée + un plat + un dessert.
La boisson coûte 1 €. Des carafes d'eau sont à votre disposition au centre du restaurant.
Vous trouverez le pain et les couverts après la caisse.
Vous pouvez payer en espèces ou avec votre badge électronique.

5 - Que faut-il faire en entrant dans le restaurant ? (1 point)
a. ☐ Se laver les mains.
b. ☐ Payer votre repas.
c. ☐ Passer commande.

6 - Comment pouvez-vous payer ? (1 point)
a. ☐ Avec des billets.
b. ☐ Avec un chèque.
c. ☐ Avec une carte bancaire.

CE QUE JE RETIENS
- Lisez les questions auxquelles vous devez répondre.
- Lisez le texte en y cherchant les réponses.
- Cochez la bonne réponse.

compréhension des écrits

4 Lire pour s'informer

Exercice 10 `7 points`

Vous **lisez** cette affiche. **Répondez** aux questions.

▶ Procédez par étapes :
1- Analysez la consigne : quel document allez-vous lire ?
2- Dans un premier temps, lisez les questions. Elles sont là pour vous guider.
3- Avant la première lecture du document, repérez tout ce qui accompagne le texte pour avoir une idée du sujet en général :
– le titre et le sous-titre (le thème) ;
– le chapeau (paragraphe de présentation) propose un résumé du texte ou de la situation ;
– l'illustration (indices pour comprendre le contenu du texte).
4- Faites une première lecture du texte pour repérer les mots-clés : qui ? quand ? où ? quoi ? Lisez attentivement l'introduction puis la conclusion.
Vous y trouverez des indices sur le thème abordé.
5- Relisez le texte en vous concentrant sur les paragraphes. Cherchez à trouver des informations plus précises sur le thème : liens entre les personnages, détail des actions, but du texte…

▶ Répondez aux questions : elles sont dans l'ordre chronologique, les premières sont les plus simples. Si vous ne savez pas répondre à une question, passez à la question suivante.

1 - Quel est le problème principal avec les courses ? `1 point`

a. ☐ Cela est très fatigant.
b. ☐ Cela coûte très cher.
c. ☒ Cela prend beaucoup de temps.

2 - Il faut faire ses courses rapidement pour être plus efficace. `1 point`

a. ☐ Vrai.   b. ☒ Faux.

3 - Pour bien faire ses courses, que faut-il faire ? `2 points`

a. ☒ Préparer ses menus à l'avance.
b. ☐ Faire une commande sur Internet.
c. ☐ Utiliser le service de livraison.

4 - Il faut consommer rapidement les produits frais. `1 point`

a. ☒ Vrai.   b. ☐ Faux.

S'ENTRAÎNER

5 - Pourquoi faut-il faire attention à ne pas acheter trop de produits frais ? `1 point`

a. ☐ Pour ne pas prendre trop de place.
b. ☐ Pour ne pas payer trop cher.
c. ☑ Pour ne pas gaspiller.

6 - Quels produits faut-il commander sur Internet ? `1 point`

a. ☐ Les produits laitiers.
b. ☑ Les produits ménagers.
c. ☐ Les produits surgelés.

Exercice 11 `7 points`

Vous **lisez** ce guide touristique. **Répondez** aux questions.

VISITER PARIS

Pour la 37e édition des Journées européennes du patrimoine organisées par le ministère de la Culture sur le thème « Patrimoine et éducation : apprendre pour la vie ! », de nombreux monuments, musées et lieux secrets ouvriront leurs portes gratuitement le temps d'un week-end, fin septembre.

À Paris, ce ne sont pas les propositions qui manqueront avec la visite gratuite des plus anciennes institutions culturelles comme le Grand Rex, l'Hôtel de Ville ou le Palais de Justice.

Parmi les 16 000 monuments qui ouvrent leurs portes gratuitement dans toute la France, de nombreux sites exigent une réservation. C'est le cas notamment des circuits organisés par la RATP, de France Télévisions et du Palais de l'Élysée. À Paris, Lille… quelque 17 000 événements sont prévus. Les Journées s'adressent à toutes les générations. Pendant ces deux jours, des ateliers et des animations sont spécialement imaginés pour le jeune public.

© Sarah Ponchin, linternaute.fr, 21/09/2020

1 - Quand ont lieu les journées du Patrimoine ? `1 point`

a. ☐ Début septembre.
b. ☐ Milieu septembre.
c. ☐ Fin septembre.

2 - L'entrée dans les monuments sera payante. `1 point`

a. ☐ Vrai.
b. ☐ Faux.

3 - Que faut-il faire pour certaines visites ? `1 point`

a. ☐ Payer.
b. ☐ Réserver.
c. ☐ Être accompagné.

4 - Les Journées du patrimoine se déroulent seulement à Paris. `1 point`

a. ☐ Vrai.
b. ☐ Faux.

5 - À quel public sont destinées les Journées du patrimoine ? `2 points`

a. ☐ Aux adultes seulement.
b. ☐ Aux enfants seulement.
c. ☐ À tout le monde.

6 - Combien de temps vont durer les journées du Patrimoine ? `1 point`

a. ☐ Deux jours.
b. ☐ Cinq jours.
c. ☐ Une semaine.

compréhension des écrits

Exercice 12 (7 points)

Vous **lisez** cet article de journal. **Répondez** aux questions.

Comment faire du sport dans la joie et la bonne humeur ?

La pratique d'une activité sportive est nécessaire pour être en forme, diminuer le stress et rester en bonne santé. Mais pour beaucoup, sport veut dire aussi souffrance.

Découvrez comment bouger en douceur...

1. Le yoga : pour vous détendre et vous assouplir. L'objectif est de comprendre comment marche son corps pour mieux le contrôler grâce à des exercices sur la respiration.
2. Le stretching (mélange de gymnastique et de yoga) : pour vous étirer et travailler votre respiration
3. Le Pilates : pour associer les pratiques du yoga, de la gymnastique et de la danse.
4. La natation : pour faire des efforts sans souffrir. C'est un sport complet qui fait travailler tous les muscles.
5. L'aquagym : pour se dépenser sous l'eau en effectuant des mouvements énergiques en écoutant de la musique.

1 - Pourquoi le sport est-il important ? (2 points)

a. ☐ Pour rester en forme. b. ☐ Pour perdre du poids. c. ☐ Pour ne pas souffrir.

2 - Le yoga est basé sur des exercices respiratoires. (1 point)

a. ☐ Vrai. b. ☐ Faux.

3 - À quel sport ressemble le stretching ? (1 point)

a. ☐ Au Pilates. b. ☐ À la danse. c. ☐ À la gymnastique.

4 - Le Pilates est un mélange de plusieurs sports. (1 point)

a. ☐ Vrai. b. ☐ Faux.

5 - Que fait travailler la natation ? (1 point)

a. ☐ La respiration.
b. ☐ Les muscles.
c. ☐ Les étirements.

6 - Quelle est la particularité de l'aquagym ? (1 point)

a. ☐ Elle se fait en musique.
b. ☐ Elle se pratique à l'extérieur.
c. ☐ Elle se réalise individuellement.

CE QUE JE RETIENS

▶ Acceptez de ne pas tout comprendre. C'est normal !

▶ Aidez-vous des mots connus pour accéder au sens du texte.

▶ Faites une lecture méthodique et active pour être efficace.

Prêt pour l'examen !

Communication

- Affirmer / suggérer
- Apprécier
- Exprimer des sentiments
- Interagir
- Raconter
- Situer dans le temps et dans l'espace

Socioculturel

▸ **Pour identifier le type de document :**

Dialogue : deux personnes parlent

Émission de radio : une personne interroge et la seconde personne explique

Reportage : une personne présente et la seconde personne parle en continu

▸ **Pour comprendre l'échange :**

Repérer le thème

Identifier les intentions et les opinions

Grammaire

Les temps des verbes
(il ne vient pas, elle m'a affirmé, vous prendrez)

Le conditionnel
(il pourrait venir)

Les connecteurs
(pourtant, mais, donc)

Les relations logiques
(avant de partir, où tout le monde se rencontre, pour que tu arrêtes, parce que je suis fatigué)

Vocabulaire

- Commerces
- Environnement
- Loisirs
- Professions
- Sentiments
- Services
- Transports
- Vie sociale

STRATÉGIES

1. Je note le nom, le prénom, le *tu/vous* et les titres des personnes qui parlent pour inférer la situation.

2. Je repère l'intonation, les hésitations et mots d'interjection pour comprendre l'intention des locuteurs.

3. J'écoute les bruits et les musiques pour identifier le lieu et le contexte de l'interaction.

compréhension des écrits

POUR COMPRENDRE

Conseiller
- Je te conseille de dormir avant l'examen.
- Il est utile de lire des brèves.
- Il est conseillé de s'entraîner tous les jours.
- Il est important de se relire.

Donner des nouvelles
- Je vous écris concernant ma commande du 25 mai dernier…
- Je vous envoie ce message pour…
- Je passe de bonnes vacances en Espagne.
- Je vous invite à noter mes nouvelles coordonnées.

Informer
- Il y a un concert le 10 juin à 20 h devant l'hôtel de ville.
- Je vous informe que je dois partir avant 17 heures.
- J'ai le plaisir de vous annoncer mon départ.

Interdire
- Il est interdit de prendre des photos.
- Ne pas ouvrir les fenêtres.
- Il est défendu de fumer.
- Il n'est pas permis de sortir.

Inviter
- J'ai le plaisir de vous inviter à ma fête.
- Merci de confirmer avant le 14 avril.
- On se retrouve à 14 h si possible.
- Rendez-vous à la gare.
- Inès m'a donné rendez-vous dans un café.

Proposer
- Et si on allait au musée d'Orsay ?
- Ça te dirait de prendre un café ?
- Je te propose de venir plus tôt.

Remercier
- Merci beaucoup pour votre réponse.
- Nous vous remercions de votre confiance.
- Je vous remercie par avance.

S'excuser
- Je suis désolé(e) pour le retard.
- Pardon !

Annonces et instructions
- Des consignes de sécurité
- Le mode d'emploi d'un appareil
- Une notice explicative
- Une recette
- Des règles de jeu

Correspondance
- Une carte postale
- Un courriel
- Un mail
- Un message électronique
- Une lettre de confirmation
- Une lettre administrative
- Une lettre de demande
- Une lettre formelle
- Une lettre de motivation
- Une lettre de réclamation
- Une lettre de rappel

Télévision
- Un documentaire
- Un film
- Un programme
- Une publicité
- Un rôle
- Une série
- Un téléfilm

Textes informatifs
- Un article
- Une brochure
- Une publicité

Je suis prêt(e) ?

Les 4 questions à se poser

1. Est-ce que je connais les différents types de correspondance et les formules de salutations et de prises de congé adaptées ?
2. Est-ce que je sais repérer la fonction d'un texte et son sens général ?
3. Est-ce que je connais au moins 4 mots dans chaque liste de cette page ?
4. Est-ce que je suis capable d'écrire les mots ou la phrase d'un document ?

Prêt pour l'examen !

avant l'examen

À faire

- ☐ **Réviser le vocabulaire**
  la vie publique, poser des questions

- ☐ **Réviser la syntaxe**
  le verbe *devoir*, les prépositions de temps, l'impératif négatif

- ☐ **Imaginer** des indications pour aller dans un lieu public et utiliser un plan pour suivre ces indications

le jour de l'examen

- ☐ parcourir le texte rapidement pour repérer les chiffres, les mots en caractères différents
- ☐ répondre aux questions dans l'ordre du questionnaire
- ☐ en cas de blocage, passer à la question suivante, vous pourrez revenir ensuite sur cette question

Production écrite

COMPRENDRE

L'ÉPREUVE

La production écrite est la troisième épreuve de l'examen du DELF A2.

■ Durée totale de l'épreuve	❯ 45 MINUTES
■ Nombre de points	❯ 25 POINTS
■ Nombre d'exercices	❯ 2 EXERCICES
■ Nombre de documents à écrire	❯ 2 DOCUMENTS – 1 écriture créative – 1 courrier
■ Quand commencer à écrire ?	❯ Après avoir analysé la consigne et réfléchi aux éléments à écrire
■ Combien de mots à écrire ?	❯ Exercice 1 : 60 à 80 mots ❯ Exercice 2 : 60 à 80 mots

OBJECTIFS DES EXERCICES

Exercice 1 — Décrire un événement ou raconter une expérience personnelle
Exercice 2 — Répondre à un message pour inviter, remercier, s'excuser, demander, informer, féliciter

LES SAVOIR-FAIRE

Il faut principalement être capable de :

- Écrire une suite de phrases sur la vie quotidienne
- Raconter et décrire un événement, une expérience personnelle, des activités passées
- Donner des impressions/opinions positives et négatives

> Je reviens de Deauville où j'étais en vacances pendant 15 jours. C'était **super** ! Il a fait très beau. C'est au bord de la mer et les plages sont **magnifiques**. L'eau était **très froide** mais je me suis baigné **avec plaisir**. J'ai **adoré** mon séjour !

- Répondre positivement ou négativement à un message, une invitation
- Féliciter, remercier, s'excuser
- Donner un renseignement, des explications
- Demander ou proposer des choses

> Merci pour ton message, c'est très sympa de m'inviter.
> Je suis très contente de venir demain.
> Je peux venir chez toi vers 20 h ? J'espère que ce n'est pas trop tard ?
> Je m'occupe d'apporter une salade de blé au basilic.
> J'ai hâte d'être à vendredi soir pour fêter ton anniversaire.
> Je t'embrasse fort

production écrite

LES EXERCICES ET LES DOCUMENTS

	Supports possibles	Type d'exercice	Nombre de points
Exercice 1 Décrire un événement ou raconter une expérience personnelle	▶ Lettre, courriel, forum, message, note, essai, journal personnel	Une écriture créative	12,5 points
Exercice 2 Répondre à un message pour inviter, remercier, s'excuser, demander, informer, féliciter	▶ Carte postale, message, faire-part, courriel, lettre	Un courrier de réponse	12,5 points

LA CONSIGNE

Dans l'épreuve du DELF A2, il y a une consigne pour l'exercice 1 et une consigne pour l'exercice 2. Elles donnent la situation de l'activité et ce que vous devez faire.
Vous avez 45 minutes pour faire les deux exercices.

LES RÉPONSES

Dans l'exercice 1, il y a deux objectifs : **raconter** et **décrire**.
Dans l'exercice 2, il faut **écrire une correspondance**.
Vous pouvez faire les deux exercices dans l'ordre que vous voulez.
Lisez bien la consigne.
Les mots-clés dans la consigne indiquent ce qu'il faut écrire dans votre production.

CONSEILS

- Observer les différents types de présentation des trois types de texte : carte postale, mail, lettre.
- Respecter les codes culturels pour s'adresser à son destinataire.
- Faire des phrases simples avec quelques détails.
- Utiliser son imagination ou ses souvenirs.

SE PRÉPARER

1 Décrire un événement ou raconter une expérience personnelle

— Comprendre le sujet

Activité 1

Voici deux consignes de production écrite. Lisez-les attentivement.
Pour la consigne 1, inscrivez les mots-clés puis répondez aux questions.
Pour la consigne 2, répondez aux questions, puis inscrivez sous la dernière question les mots-clés utilisés.

> ▶ Dans cette épreuve, il est très important de bien comprendre ce qu'il faut faire. Posez-vous des questions qui vous donneront les informations pour choisir le registre de langue adapté, les formules de politesse, le vocabulaire, les temps à utiliser, etc.
>
> ▶ Les remarques sur la rédaction d'un texte (quel but ? pour qui ? de quoi ? etc.) sont valables pour l'exercice 1 et l'exercice 2.

1. Vous écrivez un texte sur le site internet francophone *www.lesplusbellesfetes.com* pour présenter la plus grande fête de votre pays. Vous décrivez la fête (date, programme, activités). Vous expliquez pourquoi vous l'aimez. (60 mots minimum)

Quels sont les mots importants ? ....

De quoi je vais parler ? ....

À qui ce texte est destiné ? ....

Pourquoi j'écris ? ....

Quelle forme doit avoir ma production écrite ? ....

2. Le directeur de votre entreprise vient de changer. Vous écrivez à un(e) ami(e) belge pour lui décrire votre nouveau directeur (nom, apparence, caractère, physique…) et vous donnez vos impressions. (60 mots minimum)

Quelle est la longueur de mon texte ? ....

Quel registre de langue est adapté ? ....

Quel vocabulaire je dois utiliser ? ....

Quels temps je peux employer ? ....

Quels sont les mots-clés à choisir dans la consigne pour répondre aux questions précédentes ?

....

production écrite

Activité 2

Vous avez assisté au dernier concert d'un chanteur populaire.
La consigne vous demande de raconter à un ami francophone cet événement et de donner vos impressions.
Choisissez parmi les propositions de production celle qui correspond à la situation.

☐ A
*Cher Monsieur,
C'est le dernier concert de M. Nous avons trois places. Voulez-vous vous joindre à nous ? Je serai ravi de faire votre connaissance. Nous pourrons prendre un verre après la représentation.
À bientôt, j'espère.*

☐ B
*Salut Eddy, comment vas-tu ?
J'étais au dernier concert de M. C'était génial, j'ai beaucoup aimé. Il a chanté pendant 2 heures et le public était debout, on chantait avec lui.
Il faisait très chaud mais c'était magnifique.
Je t'embrasse.*

▬ Utiliser le vocabulaire adapté

Activité 3

Vous avez choisi soit la production A, soit la production B de l'activité 2. **Justifiez** votre choix à l'aide des mots de la production.

Raconter un événement passé : ....

Donner ses impressions : ....

Écrire à un ami : ....

Activité 4

Voici des expressions pour décrire et pour donner ses impressions.
c'était super / je me suis baigné(e) / j'ai adoré / il y avait trois chambres / la voiture est tombée en panne / il a neigé la nuit / le château était fermé / j'ai raté l'avion / j'ai eu trop froid / les feuilles des arbres étaient jaunes et rouges

1. Placez-les dans la colonne qui correspond.

Description	Impressions

SE PRÉPARER

2. Pour chacune des expressions, précisez si c'est positif, négatif ou neutre en choisissant le smiley qui correspond.

	☹	☺	😐
c'était super			
je me suis baigné(e)			
j'ai adoré			
il y avait trois chambres			
la voiture est tombée en panne			
il a neigé la nuit			
le château était fermé			
j'ai raté l'avion			
j'ai eu trop froid			
les feuilles des arbres étaient jaunes et rouges			

Activité 5

Voici une production incomplète. **Entourez** les bonnes formulations.

L'année dernière, j'........❶........ des vacances ....❷........ sur une petite île de Bretagne.

Armand avait loué une petite maison isolée. ....❸........, nous avons pris un bateau et ensuite, nous avons loué des vélos ....❹........ il n'y avait pas de voiture sur l'île et nous avons fait de très belles promenades. Le temps était doux et on a pu faire des pique-niques sur la plage presque tous les jours.

C'était ....❺........

❶ je passe / j'ai passé / je passerai
❷ désagréables / tristes / formidables
❸ Ensuite / Enfin / Maintenant / D'abord / Pour finir
❹ si / ou / parce que / sauf
❺ nul / génial / laid / adorable

▬ Organiser son récit

Activité 6

Observez les photos. **Imaginez** les éléments d'une description. Qu'allez-vous décrire ? Par quel élément allez-vous commencer ? Par quel élément allez-vous finir ?

1 ....
2 ....
3 ....
4 ....

DOC N° 1

production écrite

DOC N° 2

1 ....
2 ....
3 ....
4 ....

Activité 7

Nous sommes le 5 septembre. Vous écrivez un mail à un(e) ami(e) pour lui raconter votre randonnée à vélo la dernière semaine du mois d'août. Voici les différentes étapes pour organiser un récit. **Choisissez** celles qui correspondent et mettez-les dans l'ordre.

❶ Employer les formules de politesse
❷ Choisir le format du texte
❸ Compter le nombre de mots
❹ Employer les temps attendus
❺ Trouver le lexique approprié
❻ Utiliser les formules de remerciement
❼ Repérer le destinataire du message
❽ Varier le vocabulaire

Ordre du récit : ..../.........../.........../.........../.........../.........../.........../...........

Activité 8

Voici deux messages et le nombre de mots que chacun contient.

1. Observez bien.

> ▸ Voici la définition de « mot » pour le comptage : tout ensemble de caractères séparé des autres par deux espaces.

A
Coucou,
Je t'écris de l'hôpital. Je me suis cassé la jambe ! J'ai voulu cueillir des cerises et je suis monté sur une chaise mais le chien est passé en courant et l'a renversée…
= 33 mots

B
Es-tu en vacances ? Je t'ai téléphoné mais tu ne réponds pas. Peux-tu me rappeler ce soir ? C'est urgent. Sinon envoie-moi un SMS.
À plus.
= 24 mots

2. À vous ! Voici un petit message, comptez le nombre de mots.
Vous avez commandé un livre : *Le Guide du voyageur. La référence est 09536. Malheureusement, il est en rupture de stock. Il ne sera pas disponible avant juillet. Voulez-vous maintenir votre commande ?*

Nombre de mots = ...

SE PRÉPARER

2 Répondre à un message, inviter, remercier, s'excuser, demander, informer, féliciter

— Repérer les éléments à produire

Activité 9

Voici une consigne.

Un(e) collègue vous invite à son anniversaire en Normandie. Vous ne pourrez pas y aller. Vous lui répondez en lui envoyant un message à son adresse professionnelle.

> ▸ Dans cet exercice, on vous demande d'écrire un message pour inviter, remercier, vous excuser, demander, informer ou féliciter.
>
> ▸ Le texte à écrire pourra être une carte postale, une lettre ou un courrier électronique.
>
> ▸ Lisez bien la consigne, elle vous aidera à repérer les différents éléments à placer dans votre texte.

1. Choisissez la forme qui correspond à la réponse à donner.

☐ A   ☐ B   ☐ C

2. Voici des éléments de réponse pour la consigne ci-dessus. **Cochez** ceux qui correspondent le mieux.

Je me permets de vous contacter…	☐
Je suis désolé(e) mais je ne pourrai pas…	☐
C'est avec plaisir que j'assisterai…	☐
Malheureusement je serai absent(e)…	☐
Je voudrais te demander un service…	☐
On se retrouve à quelle heure ?	☐
Merci pour ton invitation…	☐

Activité 10

Regardez les expressions ci-dessous et placez-les au bon endroit dans le tableau.

Désolé(e) / Bravo / Un grand merci / Avec plaisir / C'est gentil / Malheureusement / Pouvez-vous / C'est à 12 h 30 / Toutes mes félicitations / Je serai ravi(e)

Remercier	Féliciter	Accepter	Refuser	Proposer
–	–	–	–	– ....
–	–	–	–	– ....

— Utiliser les formules de politesse adaptées

Activité 11

Quelles formules utiliser ? **Attribuez** à chaque destinataire le numéro des formules qui conviennent.

J'envoie un mail de réponse à…

A. une amie francophone → ....

B. un responsable d'entreprise → ....

C. une professeure de français → ....

D. un collègue de travail → ....

1. Coucou Sylvie / 2. À demain ! / 3. Monsieur le Directeur / 4. Bises / 5. Chère Madame / 6. Respectueusement / 7. Bonjour / 8. Cordialement

Activité 12

Voici une réponse à compléter. **Entourez** pour chaque numéro la formule qui convient.

❶ *Chère amie / Chers amis*
❷ *avec joie / avec plaisir*
❸ *ton mariage / votre mariage*
❹ *demande / remercie*
❺ *votre invitation / votre refus*
❻ *Voulez-vous / Pouvez-vous*
❼ *demande / félicite*
❽ *Bien cordialement / À bientôt*

❶ ....,
C'est ❷ .... que j'assisterai à ❸ ....
Je vous ❹ .... de ❺ ....
J'aimerais réserver mon billet d'avion. ❻ ....
m'envoyer les coordonnées exactes du lieu de la fête ?
Je vous ❼ .... bien sincèrement.
❽ ...., Hervé

— Demander quelque chose ou donner une information

Activité 13

1. Observez les expressions ci-dessous et **choisissez** la colonne qui correspond.

	Demander	Donner
a. Nous serons trois à venir en voiture.		
b. Le rendez-vous est à 14 h dimanche.		
c. Pouvez-vous m'envoyer le numéro de téléphone ?		
d. Est-il possible d'arriver plus tôt ?		
e. Les cours commencent en septembre.		
f. Je voudrais savoir si le bureau est ouvert.		

SE PRÉPARER

2. Maintenant, **complétez** chaque liste en proposant une formule qui correspond.

Liste A Demander quelque chose	Liste B Donner une information
– (le lieu d'un rendez-vous)	– (une adresse de site)
....	....
– (le nombre de personnes)	– (la date de la fête)
....	....
– (le plat à apporter)	– (les horaires d'ouverture)
....	....

Activité 14

1. Voici des réponses pour refuser et s'excuser. **Classez**-les de 1 à 5, de la plus familière (1) à la plus officielle (5).

REFUSER
Impossible pour moi de venir…
Je ne pourrai malheureusement pas venir…
Non, je suis désolé(e) mais…
Pas question…
Une autre fois, peut-être…

Classement : ………/………/………/………/………

S'EXCUSER
Je vous prie de bien vouloir m'excuser…
Excusez-moi…
Mille excuses…
Je te demande pardon…
Désolé(e)…

Classement : ………/………/………/………/………

2 - Lisez la consigne ci-dessous, puis lisez la réponse. Dans la réponse, **soulignez** dans la couleur demandée ce qui correspond aux éléments de la consigne.

Vous répondez à un(e) ami(e). Vous le remerciez et vous acceptez son invitation. Vous lui demandez des précisions et vous lui proposez d'apporter quelque chose.

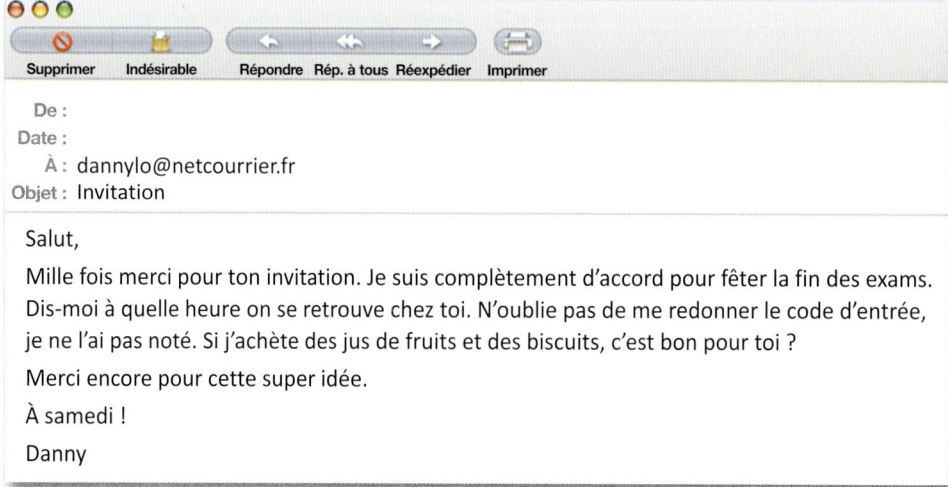

S'ENTRAÎNER

production écrite

1 Décrire un événement ou raconter une expérience personnelle

Exercice 1

12,5 points

Vous avez fait un stage « Découverte d'une région » de 8 jours en France. Vous **racontez** votre semaine (lieu, dates, activités, visites) sur votre blog pour vos amis francophones. Vous **donnez** vos impressions sur cette expérience. (60 à 80 mots).

▶ Ce qui vous est demandé : décrire un événement ou raconter une expérience personnelle et donner ses impressions.

▶ Ce que vous devez faire : imaginer, développer les éléments de récits indiqués dans la consigne. Dire les sentiments ou les impressions que vous ressentez au sujet des faits que vous décrivez ou des événements que vous racontez.

▶ Le thème est la découverte d'une région française. Si vous n'êtes jamais allé(e) en France, aidez-vous des images proposées et faites travailler votre imagination et vos souvenirs de documents pédagogiques (dans les manuels) ou bien d'expériences racontées par des amis.

S'ENTRAÎNER

Exemple de production attendue (86 mots)

Le blog de Séverine

Ma cuisine **Mon séjour** Mes sorties Mes activités

Bonjour les amis !

J'ai passé une semaine à Bénodet en Bretagne. C'était super. Il faisait beau et pas trop chaud. J'ai fait du cheval et de la voile. J'ai visité des petits villages avec des maisons en granit et avec de très belles fleurs bleues. J'ai mangé des galettes et une spécialité sucrée avec beaucoup de beurre ! Heureusement, j'ai fait des promenades à cheval et des balades en mer. Je me suis bien amusée. Je crois que je vais y retourner l'année prochaine.

Bisous bretons

Séverine

C'est votre blog, vous vous adressez à des amis : employez les formules adaptées.

Il s'agit d'un récit. Utilisez les temps du passé : le passé composé et l'imparfait.

Vous reprenez chaque élément (lieu, dates, activités et visites). Pour chacun, faites des phrases simples et variez votre vocabulaire.
Lieu : *Bénodet/en Bretagne*
Date : *une semaine*
Activités : *faire du cheval, faire de la voile, visiter des villages, manger des galettes…*
Impressions : *C'était super, très belles fleurs, je me suis bien amusée, je vais y retourner.*

CE QUE JE RETIENS

▸ Qu'est-ce qu'on me demande de faire ? Raconter ? Décrire ?
▸ Comment j'exprime mes impressions ?
▸ Quels sont les temps des verbes à utiliser ?

Exercice 2

12,5 points

1. Vous pratiquez un nouveau sport. Vous venez de faire votre première séance et vous **envoyez** un mail à votre ami pour lui **raconter** comment cela s'est passé et pourquoi vous **aimez** pratiquer ce sport. (60 mots minimum).

production écrite

▶ Attention, n'oubliez pas de compter le nombre de mots.

▶ Les photos sont ici pour vous aider à trouver un nouveau sport mais vous pouvez ne pas les utiliser. Servez-vous de votre propre expérience ou de votre imagination.

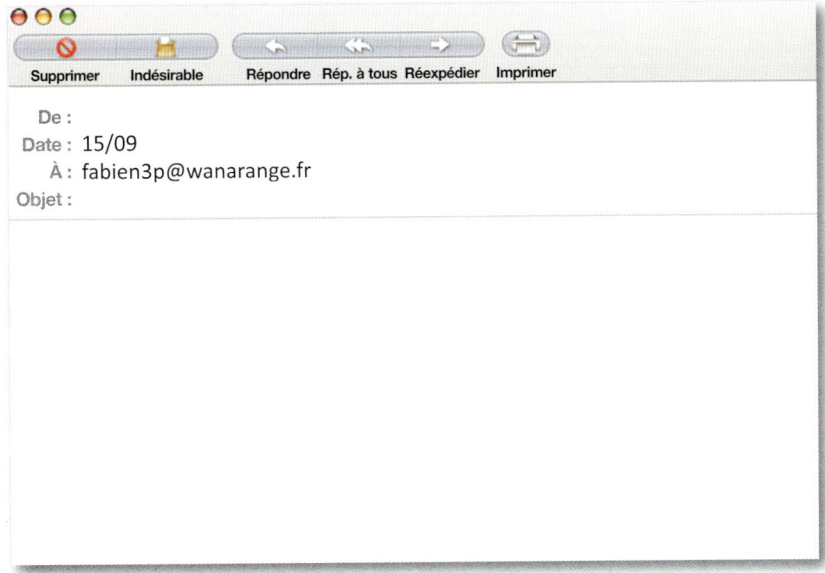

2 - Vous êtes allé(e) à un concert avec des amis. Vous **écrivez** une lettre à votre professeur de musique pour lui **raconter** et lui dire pourquoi vous n'avez pas aimé. (60 mots minimum).

▶ Attention à la présentation de la lettre : lieu et date / amorce / formules de politesse.

▶ Pour dire des impressions négatives : adjectifs, adverbes (*trop – pas assez – nul – ennuyeux – bruyant*), verbes (*détester*).

S'ENTRAÎNER

Exercice 3
12,5 points

Vous **recevez** ce message. Vous y **répondez** : vous dites où vous étiez, combien de temps cela a duré. Vous **écrivez** ce que vous avez aimé ou non. (60-80 mots).

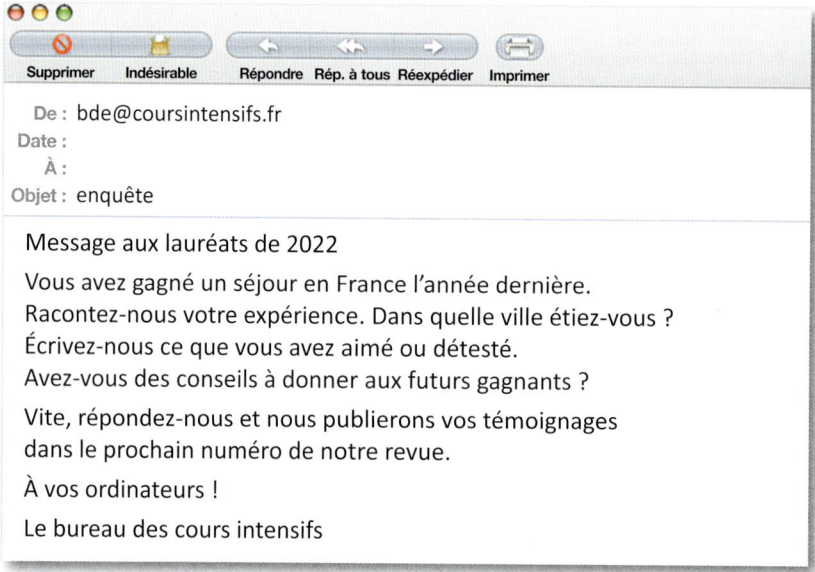

Message aux lauréats de 2022

Vous avez gagné un séjour en France l'année dernière.
Racontez-nous votre expérience. Dans quelle ville étiez-vous ?
Écrivez-nous ce que vous avez aimé ou détesté.
Avez-vous des conseils à donner aux futurs gagnants ?

Vite, répondez-nous et nous publierons vos témoignages dans le prochain numéro de notre revue.

À vos ordinateurs !

Le bureau des cours intensifs

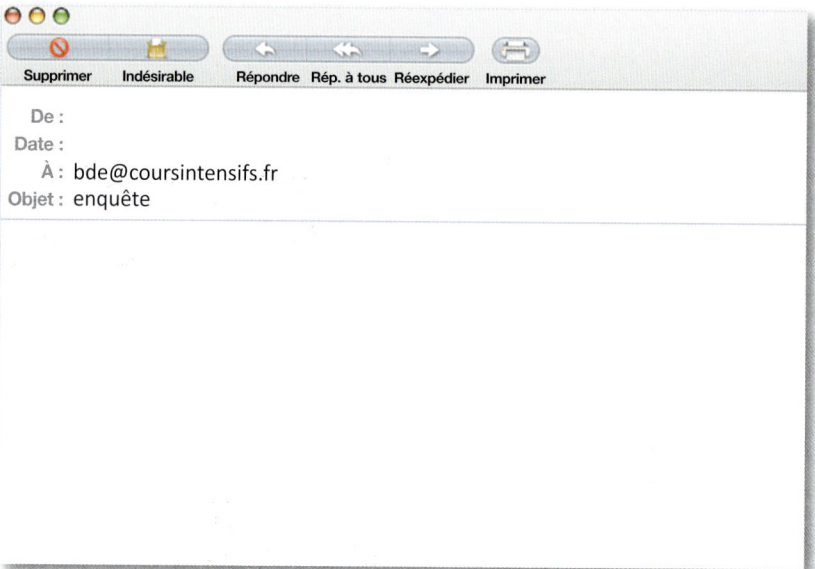

PRÊT POUR L'EXAMEN

- Utiliser les éléments donnés dans la consigne.
- Penser à la présentation du message selon la forme choisie (mail, courrier, etc.).
- Respecter le nombre de mots demandé dans la consigne.

production écrite

2 Répondre à un message, inviter, remercier, s'excuser, demander, informer, féliciter

Exercice 4 12,5 points

Vous recevez ce message d'une amie québécoise. Vous **répondez** à cette amie. Vous la **remerciez** et vous **acceptez** son invitation. Vous lui **demandez** des précisions (horaire) et vous lui **proposez** d'apporter le dessert. (60 mots minimum).

▶ Ce qui vous est demandé : répondre à un message, inviter, remercier, s'excuser, demander, informer, féliciter.

▶ Ce que vous devez faire : écrire une correspondance pour inviter, remercier, vous excuser, demander, informer ou féliciter.

▶ Ce texte pourra être une carte postale, une lettre ou un courrier électronique.

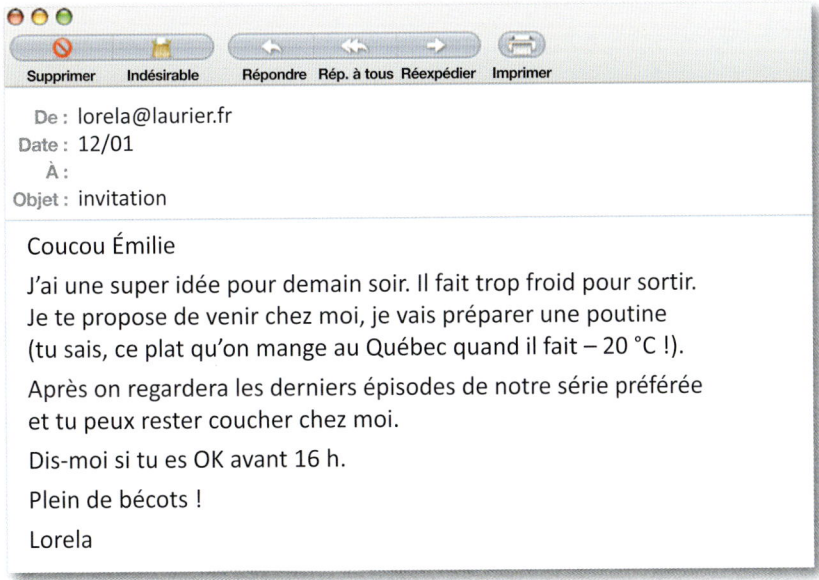

▶ Lisez bien le message et observez le format du texte pour adapter votre réponse. Ici, c'est un courrier électronique, la date fait partie des informations envoyées automatiquement avec le message.

S'ENTRAÎNER

Exemple de production attendue (69 mots)

▶ La consigne vous indique les « actes de parole » que l'on attend dans la réponse : ici, il y a 4 éléments à donner : remercier / accepter / demander des informations / proposer quelque chose.

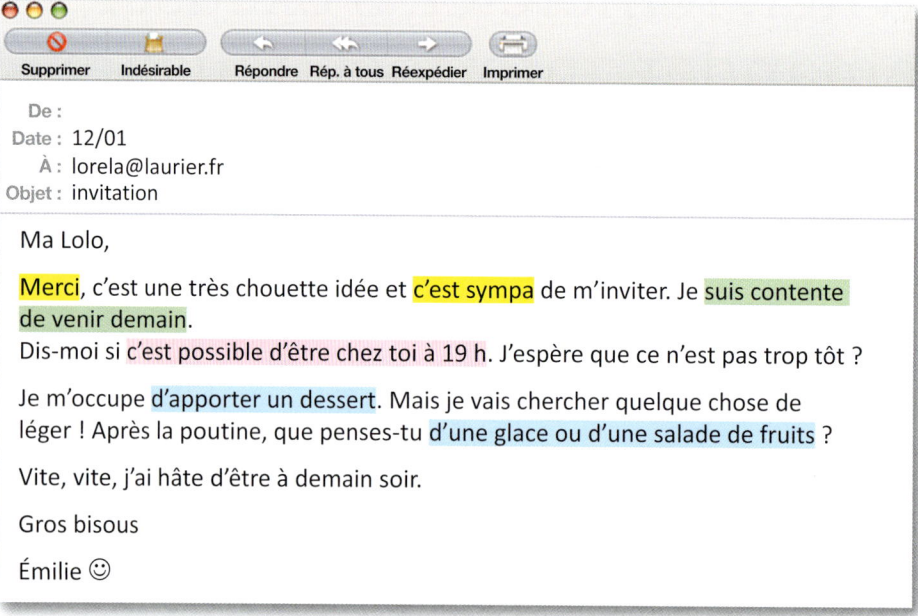

CE QUE JE RETIENS

▶ Je dois utiliser une expression pour saluer le destinataire.
▶ Je dois terminer mon texte avec une formule de politesse (dire au revoir au destinataire).
▶ La présentation du texte n'est pas la même pour une lettre, une carte postale ou un courrier électronique.

Exercice 5 (12,5 points)

Vous voyez cette petite annonce chez le libraire. Vous êtes intéressé(e). Vous **écrivez** à l'adresse indiquée pour dire votre intérêt. Vous **demandez** les horaires et les tarifs. Vous **donnez** votre numéro de téléphone pour être contacté(e).

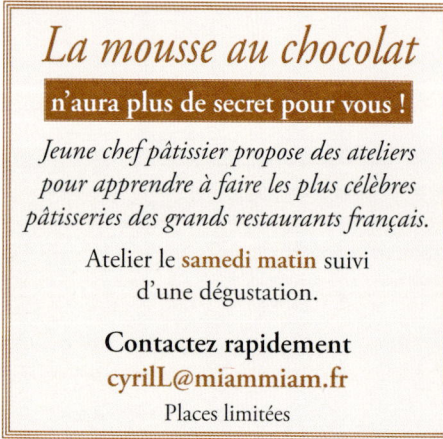

production écrite

Exercice 6 12,5 points

Vos amis français vous ont envoyé ce courrier. Vous leur **envoyez** une lettre pour les **féliciter**. Vous les **remerciez** mais vous **refusez** leur invitation et vous **expliquez** pourquoi vous ne pouvez pas venir. Vous les invitez chez vous plus tard. (60-80 mots)

Pauline et Charlie sont heureux de vous annoncer leur mariage qui sera célébré le 30 mai à 15 h à la mairie d'Étretat.

Vous êtes invité à venir fêter cet événement à partir de 19 h à l'auberge de l'Aiguille Creuse à Étretat.

Merci de répondre avant le 30 avril

PRÊT POUR L'EXAMEN

- Adapter son texte au destinataire.
- Respecter la mise en forme du message (selon qu'il s'agisse d'un mail ou d'un courrier).
- Vérifier le nombre de mots.

Prêt pour l'examen !

Communication

- Accepter
- Accueillir et prendre congé
- Décrire des expériences personnelles
- Exprimer des émotions
- Inviter
- Proposer/accepter/refuser
- Raconter un événement passé
- Remercier
- S'excuser

Sociocultural

La ponctuation

M La majuscule en début de phrase et pour un nom propre.
Je m'appelle Pascale.

. Le point à la fin d'une phrase déclarative.
J'ai beaucoup marché.

, La virgule pour séparer des éléments. Avant : *mais, car*
Moi, je me couche à 23 h 30.

! Le point d'exclamation à la fin d'une phrase exclamative.
Félicitations ! J'adore courir !

? Le point d'interrogation à la fin d'une question.
Vous avez froid ? Comment ?

Grammaire

Adjectifs qualificatifs

Être *en train de* + infinitif

Le présent pour parler du moment

Le passé composé pour raconter une expérience terminée

L'imparfait pour décrire des situations ou des faits passés habituels

Les quantificateurs : *beaucoup de, assez de, trop de*

Vocabulaire

- Émotions
- Horaires
- Loisirs
- Météo
- Nationalités
- Prix
- Transports

STRATÉGIES

1. Avant d'écrire, je note des idées sur une feuille de papier. Puis, je les organise avec des mots de liaison.

2. Pour écrire, je pense à employer des mots ou des expressions utilisés dans le texte modèle.

3. Pour compter les mots, il faut compter l'ensemble de lettres séparées par deux espaces :
Je suis en vacances : 4 mots
J'ai deux billets pour un concert : 6 mots (j'ai = un mot)

production écrite

POUR DIRE

Accepter
- J'accepte avec plaisir, bien sûr.
- Merci pour ton invitation !
- Je suis ravi(e) d'assister à ton mariage.
- J'accepte volontiers votre invitation.

Accueillir et prendre congé
Message informel
- Salut/Coucou
- À bientôt
- À plus tard
- Bises

Message formel
- Sincères salutations
- Cordialement
- Bonne journée
- Bien à vous

Donner rendez-vous
- Rendez-vous à 18 h sur la place du village.
- Tu peux venir demain à ma soirée ?
- Je t'attends à la gare à midi.
- On pourrait se retrouver à 20 h chez ton frère ?

Exprimer des émotions
- C'est nul, très mauvais ! J'ai détesté parce que c'est très triste.
- C'est génial, fantastique.
- L'histoire est passionnante.
- J'ai adoré le concert. La chanteuse était super dynamique.
- Bof, j'ai trouvé l'expo très décevante.
- Ce n'est pas formidable.
- Elle était excellente !
- C'est pas mal.
- C'est horrible.
- C'est super !

Parler de ses activités
- Je visite la région.
- Je me baigne tous les jours.
- Je fais une excursion demain.
- Je prends beaucoup de photos.
- Je reviens de Marseille.
- J'ai marché 20 km par jour.

Proposer
- Je propose de faire une surprise pour son anniversaire.
- Et si on allait au cirque !
- C'est possible de faire un tour en péniche.

Raconter un événement passé
- Nous revenons de 15 jours au Vietnam.
- Nous avons visité tout le pays.
- On a choisi la formule 100 % nature avec une agence de tourisme locale très sympa. C'était extraordinaire parce qu'on a vu des paysages très beaux et sauvages. J'ai réussi à être complètement déconnecté. Nous avons acheté des souvenirs très drôles pour toute la famille.
- Bref, nous sommes ravis mais j'ai trouvé le voyage en avion trop long ! On espère recommencer bientôt.

Remercier
- C'est très gentil !
- Vous n'auriez pas dû !
- Je vous remercie de votre invitation.
- Merci beaucoup !
- Merci d'avoir pensé à nous !

Je suis prêt(e) ?

Les 4 questions à se poser

1. Est-ce que je peux utiliser l'accueil et la prise de congé dans un message amical et un message professionnel ?
2. Combien de verbes différents utiliser pour décrire des activités ?
3. Combien d'impressions ou d'adjectifs suis-je capable de donner pour raconter ?
4. Est-ce que je peux utiliser des mots précis et variés ?

Prêt pour l'examen !

À faire

avant l'examen

- ☐ **Réviser le vocabulaire**
  les verbes et adjectifs pour décrire des impressions

- ☐ **Réviser la syntaxe**
  l'accord du participe passé
  l'accord du verbe avec le sujet

- ☐ **S'entraîner** à écrire des textes courts et utiliser des mots différents pour montrer que vous en connaissez beaucoup

le jour de l'examen

- ☐ relire les fiches pour se rassurer
- ☐ soigner son écriture
- ☐ utiliser la ponctuation correctement et vérifier les accents

Production orale

COMPRENDRE

L'ÉPREUVE

La production orale est la quatrième épreuve de l'examen du DELF A2. Elle est individuelle.

■ Durée totale de l'épreuve	❯ 10 minutes de préparation ❯ 6 à 8 minutes de passation
■ Nombre de points	❯ 25 POINTS
■ Nombre d'exercices	❯ 3 PARTIES
■ Nombre de productions	❯ 3 PRODUCTIONS
■ Quand commencer à parler ?	❯ L'examinateur commence pour la partie 1. ❯ Après 10 minutes de préparation pour la partie 2 et 3.
■ Combien de mots dire ?	❯ Reportez-vous aux corrigés à la fin du livre.
■ Quand répondre aux questions des parties 2 et 3 ?	❯ Après avoir lu le document candidat.

OBJECTIFS DES EXERCICES

Exercice 1	Entretien dirigé
Exercice 2	Monologue suivi
Exercice 3	Exercice en interaction

LES SAVOIR-FAIRE

Il faut principalement être capable de :

– Bonjour madame. → **Utiliser des formules de politesse**
– Bonjour monsieur.
– **Quelle** est votre **nationalité** ? → **Parler de soi et de son environnement quotidien**
– Je suis français. Et vous ?
– Moi, je suis vénézuélien. → **Répondre à des questions sur soi et son environnement quotidien**
  Combien de langues est-ce que vous parlez ?

Organiser un monologue sur un sujet familier
Résoudre une situation de la vie quotidienne

production orale

LES EXERCICES ET LES DOCUMENTS

	Supports possibles	Type d'exercice	Nombre de points
Exercice 1 Entretien dirigé	▶ Questions de l'examinateur	Entretien (1 min 30)	4 points
Exercice 2 Monologue suivi	▶ Deux sujets à tirer au sort	Questions à formuler	4 points
Exercice 3 Exercice en interaction	▶ Deux sujets au choix	Dialogue entre vous et l'examinateur	4 points

Le niveau linguistique est noté sur **13 points** :
– Lexique : **5 points**
– Grammaire : **4 points**
– Phonétique et prononciation : **4 points**

LA CONSIGNE

Dans l'épreuve individuelle du DELF A2, vous recevez un document candidat qui présente le déroulement de l'épreuve, les consignes des 3 parties et les sujets des parties 2 et 3. Avant l'épreuve, vous allez tirer au sort deux sujets pour l'activité n° 2 et deux sujets pour l'activité n° 3. Pour chaque activité, vous choisirez le sujet que vous préférez. Vous aurez ensuite 10 minutes pour vous préparer avant de rencontrer l'examinateur. Vous serez installé(e) dans une salle de préparation. Puis, 10 minutes après, on viendra vous chercher pour aller dans la salle où vous passerez l'épreuve d'expression orale.

LES QUESTIONS ET LES RÉPONSES

L'épreuve se déroule en 3 parties.
Partie 1 – Entretien dirigé : Cette première activité sert à vous mettre en confiance. Vous ne connaissez pas les questions à l'avance. Vous n'avez pas de temps de préparation pour cette première partie.
Vous répondez aux questions de l'examinateur sur vous, sur votre environnement familier, votre famille, vos études, votre travail, vos goûts… : Quel est votre nom ?
Quelle est votre nationalité ? Parlez-moi de votre famille.
Où habitez-vous ? Vous aimez le sport ?
Partie 2 – Monologue suivi : Le sujet est composé de plusieurs questions sur le même thème (les loisirs, le logement…).
Vous devez être capable de parler 2 minutes sur ce thème.
Les questions sont précédées d'un titre très bref qui décrit le thème.
Partie 3 – Exercice en interaction : Vous allez devoir résoudre une situation de la vie quotidienne en ayant un dialogue, pendant 3 à 4 minutes, avec l'examinateur qui sera votre partenaire.
Vous devez montrer que vous êtes capable de saluer et d'utiliser les règles de politesse.

CONSEILS

- Saluez poliment l'examinateur au début et à la fin de l'épreuve.
- Prenez des notes pour vous aider.
- Entraînez-vous à parler devant un miroir.
- Imaginez les questions de l'examinateur sur ces thèmes : goûts, loisirs, logement, famille, vacances. Choisissez les thèmes selon le vocabulaire que vous connaissez.
- Essayez de donner le plus de détails possible.

SE PRÉPARER

1 Entretien dirigé

— Comprendre les questions

Activité 1

Écoutez les questions. **Trouvez** la réponse qui correspond à chaque question entendue. Attention, il peut y avoir deux questions qui correspondent à une seule réponse.

Réponses	Questions
a. Je mange à la cantine.	
b. 12 rue des Fleurs à Paris.	
c. J'aime faire du vélo le week-end.	
d. J'aime aller au cinéma avec mes amis car j'adore les films amusants.	
e. J'aime aller au bord de la mer pendant mes congés.	
f. Je pars en Espagne avec ma famille.	
g. Je suis espagnol.	
h. Mon fils s'appelle Pablo.	
i. J'ai 34 ans.	
j. Je fais du sport tout seul.	
k. J'adore le steak frites.	
l. Mon nom, c'est PEREZ.	
m. Ma date de naissance est le 12 juillet 1988.	
n. Je suis marié.	

Activité 2

Regardez les images et **présentez** chaque famille en répondant aux questions suivantes. Vous devez inventer l'identité de chaque personnage.

– Comment s'appellent les personnes ?

....

– Où sont les personnes ?

....

– Quelles sont leurs activités ?

....

– Qu'est-ce qu'elles aiment faire ?

....

production orale

Famille Montoya

Famille Perez

Famille Durant

Famille Amour

▬ Organiser sa production

Activité 3

Replacez ces phrases de présentation dans le bon ordre en utilisant le tableau.

1. J'aime jouer au tennis.
2. Je suis étudiant.
3. J'ai 25 ans.
4. J'habite à Paris, avenue Ledru-Rollin.
5. Je vais à la piscine tous les samedis
6. Je m'appelle Pablo Murillo.
7. Je fais des études pour devenir professeur de sport.
8. Je suis de nationalité espagnole.
9. J'aime beaucoup voyager.
10. Je vis dans un petit appartement.

Informations sur	Phrase(s) n°
a. Le nom	
b. L'âge	
c. La nationalité	
d. L'adresse	
e. Le logement	
f. Le travail/les études	
g. La formation	
h. Les goûts	
i. Les loisirs	

SE PRÉPARER

Activité 4

Complétez le texte de présentation ci-dessous à l'aide des mots ou des expressions suivants : **beaucoup, aussi, car, et, c'est, dans, mais, parce que, dans, depuis**.

Je m'appelle Farid BOUDJEMA. Farid, ... mon prénom et Boudjema, c'est mon nom. Boudjema, ça s'écrit B.O.U.D.J.E.M.A. Je suis algérien, ... j'habite en France. J'habite à Sèvres, c'est près de Paris. J'ai 31 ans, je suis professeur d'arabe .... un lycée français.

J'apprends le français .... 5 ans. Je parle 4 langues : arabe, espagnol, anglais et français.

J'apprends le français .... je veux devenir traducteur.

Je vis avec ma copine .... un appartement. Elle s'appelle Marion et elle est française. Elle est infirmière. Je fais .... de sport : du football avec mes amis .... du tennis avec ma copine. J'adore le cinéma. Avec ma copine, nous allons voir des films deux fois par semaine.

Nous aimons beaucoup aller dîner au restaurant .... Nous allons passer nos prochaines vacances en Espagne .... mes parents habitent là-bas.

— Gérer son intonation

Activité 5

Observez le texte ci-dessous, puis **écoutez** la présentation de Carolina et **repérez** les pauses qu'elle fait. **Réécrivez** le texte en le ponctuant. Utilisez le point (.), la virgule (,) le point d'exclamation (!), et mettez des majuscules.

je m'appelle carolina je suis suisse et j'ai 25 ans je vis en france à grenoble depuis 1 an je suis venue en france pour faire mes études j'habite dans une maison qui se trouve près de la boulangerie je vois les montagnes à travers ma fenêtre c'est super car j'adore la montagne l'été je fais des randonnées l'hiver je vais faire du ski tous les week-ends

....
....
....
....

Activité 6

Écoutez les phrases. Dites si vous entendez une affirmation ou une question en cochant la case correspondante dans le tableau.

Phrases	Affirmation	Question
1		
2		
3		
4		
5		
6		
7		

Phrases	Affirmation	Question
8		
9		
10		
11		
12		
13		
14		

2 Monologue suivi

— Identifier le thème du sujet

Activité 7

Lisez les sujets et **reliez** chaque sujet à l'objectif qui lui correspond.

Sujets

1. Qu'est-ce que vous aimez faire pendant votre temps libre ? Plutôt du sport ou des activités culturelles ?

2. Racontez comment se passe une de vos journées pendant vos vacances. Qu'est-ce que vous aimez faire ?

3. Décrivez votre logement (taille, nombre de pièces, situation…). Quelle pièce préférez-vous ? Expliquez pourquoi.

4. Décrivez votre quartier ? Quels sont ses avantages et ses inconvénients ? Qu'est-ce que vous y aimez ? Qu'est-ce que vous n'aimez pas ?

5. Quel est le plat de votre pays que vous aimez le plus ? Avec quoi faut-il le préparer ? Présentez la recette. Quand est-ce qu'on mange ce plat ?

6. Comment est votre famille ? Avez-vous une grande famille ? Décrivez-la.

7. Décrivez votre travail ou vos études. Que faites-vous ? Est-ce que vous aimez ce que vous faites ? Pourquoi ?

8. Décrivez une journée habituelle. Que faites-vous le matin, l'après-midi ?

9. Décrivez votre meilleur(e) ami(e). Comment est son caractère ? Quels sont vos points communs ? Qu'est-ce que vous aimez faire ensemble ?

10. Décrivez une journée de travail : quels sont vos horaires et vos jours de travail ? Quelles sont vos activités professionnelles ?

Objectifs

A. Parler de ses activités quotidiennes

B. Parler de ses goûts

C. Parler de son travail

D. Parler de sa famille

E. Parler de ses amis

F. Parler de son logement

G. Parler de son quartier

H. Parler de ses vacances

I. Parler de son alimentation

J. Parler de votre journée de travail

SE PRÉPARER

Activité 8

Associez à chaque thème de communication au moins cinq mots-clés correspondants.

THÈMES				
GOÛTS	TRAVAIL	JOURNÉE	PROJET	VILLE
FILM	FAMILLE	MAGASIN	RECETTE	VOYAGE

MOTS-CLÉS				
aimer	cuisson	grande famille	lecture	réveil
achats	danser	habitant	mairie	s'habiller
activités prévues	devenir	héros	métier	salé
avenir	enfants	histoire	musique classique	sports
cantine	faire des courses	horaires d'ouverture	parents	température
chef	fêtes de famille	horaires de travail	pays	temps de préparation
cinéma	frères	ingrédients	personnages	titre
collègue	futur	je voudrais	petit déjeuner	touristique
commerces	gare	jours d'ouverture	rentrer	ustensile
crème solaire	grand magasin	l'année prochaine	repas	valise

■ Donner des informations

Activité 9

Regardez les photos et **décrivez**-les en écrivant au minimum trois phrases pour chaque photo. Aidez-vous en répondant aux questions : Qui ? Quoi ? Où ?

Parler de son travail

DOC A

DOC B

production orale

Parler de ses loisirs

DOC C

DOC D

Parler de son logement

DOC E

DOC F

Activité 10

Décrivez ce que vous voyez sur chaque photo. **Donnez** votre avis en expliquant pourquoi vous aimez ou n'aimez pas faire cela.

Passer des vacances à la mer

Passer des vacances à la montagne

Manger du fromage

SE PRÉPARER

Manger au bureau

Marcher sous la pluie

Faire du sport

Aller dans un zoo

Travailler quand il fait chaud

▬ Organiser son exposé

Activité 11

Lisez les sujets. Pour chaque sujet, **élaborez** ensuite le plan de votre monologue en vous aidant du tableau.

Sujet 1 : Travailler à l'étranger
Aimeriez-vous travailler à l'étranger ? Pourquoi ? Expliquez.

Sujet 2 : Lieu de travail
Où travaillez-vous ? Comment y allez-vous le matin ? À quelle heure rentrez-vous le soir ? Décrivez les avantages et les inconvénients de votre lieu de travail.

Sujet 3 : Les ordinateurs
Avez-vous un ordinateur ? Au travail ? À la maison ? Quand l'utilisez-vous ? Pourquoi ? Que pensez-vous de cet appareil ?

Modèle de plan	Sujet...
Introduction : présentez brièvement ce que vous allez faire : raconter, décrire...	
Développement : – présentez des faits ; – exprimez votre pensée.	
Conclusion : faites une courte synthèse de ce que vous avez développé.	

production orale

Activité 12

1. Complétez le texte avec les articulateurs temporels manquants.

Sujet 1 : Apprentissage du français

Où avez-vous commencé à apprendre le français ? Où apprenez-vous le français aujourd'hui ? Avez-vous des projets liés à la langue française ?

> quand – À l'époque – après – pendant – tous les matins –
> Depuis – semaine – Il y a – Dans – quand

J'ai commencé à apprendre le français .... j'avais 6 ans dans mon école au Mexique. C'est la première langue que j'ai étudiée. Deux ans ...., j'ai commencé à apprendre l'anglais. ...., je n'étais pas très à l'aise. Mais .... j'ai eu 10 ans, je suis parti en France pour un séjour .... lequel j'ai pu utiliser mes connaissances. ...., je continue à prendre des cours deux fois par .... à l'Alliance française. .... 2 mois, je suis venu à Lille pour faire un stage intensif et j'ai fait beaucoup de progrès. Je suivais des cours .... et l'après-midi, je visitais la région. .... 1 an, je pourrai peut-être venir faire mes études en France. Je voudrais devenir traducteur.

2. Reconstituez le texte en entourant le connecteur logique approprié.

Sujet 2 : Votre loisir préféré

Quel est votre loisir préféré ? Vous le pratiquez souvent ? Seul(e) ou avec des amis ?

La lecture est un de mes loisirs préférés **parce que / mais / donc / et** cela me procure beaucoup de sentiments différents. Je lis le plus souvent possible **parce que / mais / donc / et** j'échange beaucoup de livres avec mes amis. **Ainsi / Mais / Puis / Car** nous pouvons partager nos impressions. Nous aimons beaucoup lire des romans français **comme / c'est-à-dire / également / effectivement** *Un Sac de billes*. Le dernier livre que j'ai lu, c'était le roman de Victor Hugo *Les Misérables* **car / ou / et / alors** je n'avais jamais lu cet auteur. C'est une belle histoire **mais / donc / aussi / parce que** c'est un peu triste. Ce soir, je commence un nouveau livre plus drôle **mais / donc / aussi / car** j'ai envie de me détendre. Il s'agit de *Au Bonheur des ogres* de Daniel Pennac.

SE PRÉPARER

3 Exercice en interaction

— Entrer en contact

Activité 13

1. Regardez les photos et **répondez** aux questions.
– Où se passe la scène ?
– Quelles sont les relations entre les personnes ?

2. Imaginez ce que disent les personnes. **Écrivez** sous chaque photo les phrases qu'elles peuvent se dire pour se saluer ou faire connaissance.

DOC 1

Exemple :
– Bonjour docteur.
– Bonjour monsieur, comment allez-vous ?

DOC 2

....
....
....
....

production orale

DOC 3

DOC 4

DOC 5

DOC 6

SE PRÉPARER

DOC 7

....
....
....
....

DOC 8

....
....
....
....

Activité 14

Lisez attentivement les sujets, puis **complétez** le tableau en écrivant la bonne réponse.

Sujet 1 Vous êtes en vacances en France. Vous expliquez à la mère de votre correspondant comment se prépare un plat traditionnel de votre pays.
L'examinateur joue le rôle de la mère.

Sujet 2 Vous venez d'arriver à Paris, pour une semaine. Vous demandez à l'employé de la compagnie de métro comment faire pour acheter des tickets.
L'examinateur joue le rôle de l'employé.

Sujet 3 Vous êtes en France, et avec votre ami français, vous allez vous renseigner puis vous inscrire à la bibliothèque. Vous vous renseignez sur les activités proposées.
L'examinateur joue le rôle de l'employé.

Sujet 4 Vous préparez une fête surprise pour le départ d'un collègue de travail. Vous discutez du lieu, du cadeau et de tous les détails pratiques (nourriture, boissons, jour et heure, musique, etc.) avec votre collègue de bureau.
L'examinateur joue le rôle de votre collègue.

Sujet 5 Vous travaillez dans une entreprise française. Vous avez besoin de matériel. Vous allez voir votre chef pour lui demander comment faire pour obtenir ce dont vous avez besoin.
L'examinateur joue le rôle de votre chef.

production orale

	Quel rôle devez-vous jouer ? Votre propre rôle, celui d'un(e) étudiant(e), d'un(e) employé(e)... ?	Quel est le rôle de l'examinateur ? Celui d'un employé, d'un étudiant, d'un collègue... ?	Quel registre de langue devez-vous utiliser : standard, formel, familier ?	Est-ce que vous devez utiliser le tutoiement ou le vouvoiement ?
Sujet 1				
Sujet 2				
Sujet 3				
Sujet 4				
Sujet 5				

▬ Trouver les bons mots

Activité 15

1. Lisez le sujet suivant.

Sujet 1 : Achat de vêtements
Vous voulez acheter un vêtement pour l'anniversaire d'un ami. Vous allez dans un magasin spécialisé et choisissez un tee-shirt (taille, couleur...). L'examinateur joue le rôle du vendeur.

2. Complétez le dialogue suivant en choisissant la réponse appropriée (**cochez** la bonne réponse).
Dans un magasin de vêtements

VENDEUR : Bonjour, je peux vous aider ?
VOUS : ☐ Oui, je voudrais me rendre à Paris.
☐ Oui, je voudrais réserver une chambre double.
☐ Oui, je voudrais acheter un tee-shirt pour un ami.

VENDEUR : C'est pour un homme ou une femme ?
VOUS : ☐ Un homme.
☐ Masculin.
☐ Un petit garçon.

VENDEUR : Quelle est sa taille ?
VOUS : ☐ Il est né en 1986.
☐ Il mesure 1,80 m.
☐ Il pèse 65 kilos.

VENDEUR : Je vous propose de prendre une taille M.
VOUS : ☐ D'accord. Je vous fais confiance.
☐ Non, je ne suis pas d'accord.
☐ Ok, ce n'est pas important.

SE PRÉPARER

VENDEUR : Quelle couleur préférez-vous ?
VOUS : ☐ Je voudrais quelque chose de bleu.
☐ Je veux deux places pour adulte.
☐ Je voudrais quelque chose de petit.

VENDEUR : Et au niveau du prix, quel est votre budget ?
VOUS : ☐ Environ 2 kilos.
☐ Environ 30 euros.
☐ Environ 23 ans.

VENDEUR : Alors, je peux vous proposer ce modèle en M qui existe en bleu.
VOUS : C'est très bien.
☐ Quelle est la taille ?
☐ Il est de quelle couleur ?
☐ Quel est son prix ?

VENDEUR : 25 euros. Est-ce que vous voulez un paquet cadeau ? Comment allez-vous payer ?
VOUS : ☐ Oui, je vais régler en espèces.
☐ Oui, je vais revenir demain.
☐ Oui, je voudrais un sac.

Activité 16

1. Complétez les phrases avec les sentiments qui conviennent.

> déçu / triste / heureuse / impatiente / inquiète

Depuis que je suis en France, ma mère est .... car je suis son dernier enfant qui ait quitté la maison. Depuis mon départ, mes parents vivent seuls.

Pour lui faire plaisir, mon père lui a offert un voyage à Paris. Ma mère est très .... de venir me voir pendant les vacances d'hiver. Elle est quand même .... car c'est la première fois qu'elle va prendre l'avion. Elle part dans une semaine, alors elle est .... Mon père est .... parce qu'il ne peut pas venir, il a trop de travail.

2. Complétez les phrases en utilisant le mot qui permet d'exprimer le sentiment indiqué.

	Sentiment positif	Sentiment négatif
Je suis .... de mon nouveau professeur de français.	✓	
Mon collègue est .... Il a obtenu une promotion.	✓	
L'employé est .... Il est malade depuis 2 jours.		✓
Mes enfants sont .... : ils travaillent très bien à l'école.	✓	
Je suis .... : mon chef ne veut pas que je parte en congé.		✓
Mes collègues sont .... Il y a une très bonne ambiance au travail.	✓	
Mon ami est .... contre moi. J'ai oublié de lui souhaiter sa fête.		✓
Marie est .... Elle quitte l'entreprise demain car elle prend sa retraite.		✓

production orale

— **Structurer ses propos**

Activité 17

1. Lisez le sujet 1, puis **répondez** aux questions.

Sujet 1 : À la piscine
Vous voulez faire de la natation. Vous allez dans une piscine demander des informations sur les tarifs, les cours, les horaires. Vous vous inscrivez.
L'examinateur joue le rôle de l'employé de la piscine.

– Quels sont les trois mots-clés du sujet ? .... / .... / ....

– Pour chaque information donnée, écrivez deux questions que vous pouvez poser à l'employé.

Tarif

Question 1 : ....

Question 2 : ....

Cours

Question 1 : ....

Question 2 : ....

Horaires

Question 1 : ....

Question 2 : ....

– Comment devez-vous terminer l'interaction avec l'examinateur ?

....

2. Lisez le sujet 2, puis **répondez** aux questions.

Sujet 2 : Dans un magasin de souvenirs
Vous êtes en vacances dans le Sud de la France. Vous voulez acheter des souvenirs pour vos parents et vos frères et sœurs. Vous entrez dans un magasin. Vous demandez des conseils à un vendeur sur les spécialités de la région, les prix, les objets, etc.
L'examinateur joue le rôle du vendeur.

– Quels sont les trois mots-clés du sujet ? .... / .... / ....

– Pour chaque information donnée, écrivez deux questions que vous pouvez poser à l'employé.

Spécialités

Question 1 : ....

Question 2 : ....

Prix

Question 1 : ....

Question 2 : ....

Objets

Question 1 : ....

Question 2 : ....

– Comment devez-vous terminer l'interaction avec l'examinateur ?

....

SE PRÉPARER

Activité 18

1. Lisez le sujet.

Sujet : Faire du sport
Vous avez envie de faire du sport avec un ami. Vous proposez à un ami de vous inscrire à une activité sportive pour être ensemble. Vous discutez de plusieurs activités possibles et vous vous mettez d'accord sur l'heure et les jours.
L'examinateur joue le rôle de votre ami.

2. Lisez le dialogue entre un candidat et un examinateur. **Complétez** le dialogue à l'aide des connecteurs logiques ci-dessous.

> Donc (x2) / car / pour / grâce / parce / aussi / Mais / Alors / alors (x2) / En effet

CANDIDAT (C) : Salut ! Comment ça va ?

EXAMINATEUR (E) : Ça va très bien et toi ?

C : Bien… Merci. Dis-moi, je cherche quelqu'un pour faire du sport avec moi. Est-ce que ça te dirait que nous fassions une activité sportive ensemble ?

E : ……………, c'est une super idée car j'ai un peu grossi et je voudrais perdre mes kilos.

C : Super, moi j'ai besoin de faire du sport …………… être en meilleure forme. Bon, ……………, qu'est-ce que tu aimes comme sport ?

E : Alors, j'aime beaucoup la natation et le tennis. Et toi ?

C : Moi aussi, j'aime le tennis.

E : Ah, tu aimes le tennis …………… ? Bon, c'est bien, on aime ce sport tous les deux. …………… on pourrait essayer d'en faire ensemble. On peut jouer gratuitement à l'université, il y a plusieurs cours en accès libre. …………… quand es-tu disponible ? Quel jour ?

C : Le mercredi, je suis libre, et toi ?

E : Le mercredi ? Non, plutôt le samedi …………… que le mercredi j'ai cours toute la journée.

C : OK, ça me va aussi. Vers quelle heure ?

E : L'après-midi quand tu veux.

C : Vers 14 h ?

E : Oui c'est très bien, 14 h. D'accord ! ……………, on se donne rendez-vous… Oui, on se donne rendez-vous tous les samedis pour jouer au tennis ?

C : Oui, oui. On se retrouve au gymnase de l'université ?

E : D'accord, devant le gymnase, très bien… J'espère que je vais perdre du poids …………… au tennis.

C : Oui, tu vas voir, ça va marcher. À samedi ! …………… avant, il faut que j'aille acheter un peu de matériel …………… je n'ai pas de raquette.

E : OK, c'est moi qui m'occupe des balles. À samedi …………… !

S'ENTRAÎNER

production orale

1 Entretien dirigé

Exercice 1 — 4 points

Voici un exemple de sujet que vous recevrez le jour de l'épreuve individuelle de production orale du DELF A2. **Lisez**-le attentivement, ainsi que les conseils et aides.

ENTRETIEN DIRIGÉ (1 minute 30 environ)	Que devez-vous faire ?

Après avoir salué votre examinateur, vous vous présentez en parlant de votre famille, vos amis, votre profession, vos études, vos goûts… L'examinateur vous posera des questions complémentaires sur ces mêmes sujets.	1. Parler pendant 1 minute 30.
	2. **Saluer l'examinateur** en utilisant une formule de politesse simple et polie (*Bonjour madame, bonjour monsieur, bonsoir madame, bonsoir monsieur*). Vous devez utiliser le VOUS.
	3. **Parler de vous** :
	– commencez par une introduction : je vais me présenter…
	– donnez des **informations personnelles** : votre nom, prénom, âge, nationalité, profession (ou études), situation de famille, adresse…
	– continuez en parlant :
	  - de votre **famille et/ou de vos amis** : décrivez votre famille, parlez de vos meilleur(e)s ami(e)s…
	  - de vos **goûts** : ce que vous aimez faire, ce que vous aimez manger, vos loisirs préférés…
	  - de votre **travail ou de vos études** : décrivez ce que vous faites, où ça se passe, avec qui vous travaillez…
	  - de vos **activités et de vos loisirs** : Que faites-vous ? Où ? Avec qui ?

Outils pour vous aider	
Se saluer	Bonjour / Bonsoir Comment allez-vous ? Vous allez bien ?
Répondre	Ça va bien, je vous remercie. Très bien, merci.

Exercice 2 — 4 points

1 - Lisez le sujet attentivement.

> Après avoir salué votre examinateur, vous vous présentez en parlant de vous, de votre famille et de votre logement.

▶ Après les salutations, si l'examinateur vous demande comment vous allez, répondez simplement en disant : « Ça va, merci » ou « Ça va bien, je vous remercie ».

S'ENTRAÎNER

2 - Quels renseignements personnels devez-vous donner à l'examinateur ? **Entourez** les bonnes réponses.

> Loisirs – Travail – Logement – Famille – Amis – Goûts – Activités

3 - Répondez au sujet en vous aidant des questions suivantes :

Questions sur vous
– Quel est votre nom ? Quel est votre prénom ?
– Quelle est votre nationalité ?
– De quel pays venez-vous ?
– Quelle est votre date de naissance ? Quel âge avez-vous ?
– Quelle est votre profession ?

Questions sur la famille
– Avez-vous une grande famille ?
– Quelle est votre situation de famille ? Célibataire ? Marié(e) ? Divorcé(e) ?
– Est-ce que vous avez des enfants ?
– Ils ont quel âge ?
– Avez-vous des frères et sœurs ?

Questions sur votre logement
– <mark>Où habitez-vous ?</mark>
▶ Vous habitez où ? Où vous habitez ?
– Avez-vous un grand logement ?
– Combien est-ce qu'il y a de pièces chez vous ?
– Quelle est votre adresse ?

Exercice 3   (4 points)

1 - Lisez le sujet attentivement.

> Après avoir salué votre examinateur, vous vous présentez en parlant de vous, de votre travail ou de vos études et de vos loisirs et vos goûts.

2 - Répondez au sujet en vous aidant des questions suivantes :

Questions sur votre travail ou sur vos études
– Que faites-vous actuellement ?
– Quelle est votre profession ?
– Que voulez-vous faire comme métier ?
– Quels diplômes avez-vous ou allez-vous passer ?
– Où travaillez-vous ?

Questions sur les loisirs et les goûts
– Qu'est-ce que vous aimez faire ?
– Quels sports aimez-vous ? Pourquoi ?
– Quel est votre plat préféré ?
– Est-ce que vous aimez aller au cinéma ?
– Est-ce que vous faites de la musique ?

CE QUE JE RETIENS

▶ Je dois commencer par saluer mon examinateur.
▶ Je dois faire des phrases courtes et simples.
▶ Je dois utiliser le vocabulaire que je connais et que je maîtrise.
▶ Je dois donner le maximum d'informations me concernant.

production orale

2 Monologue suivi

Exercice 4 — 4 points

Pour cette deuxième partie, vous avez un temps de préparation de 10 minutes. Vous devez utiliser ce moment pour préparer une présentation personnelle sur le thème du sujet que vous avez choisi. Vous devez parler tout(e) seul(e) pendant 2 minutes environ.

1 - Lisez la consigne de l'activité.
Vous tirez au sort deux sujets et vous en choisissez un. Vous vous exprimez sur le sujet.

> ▶ L'examinateur peut ensuite vous poser des questions pour vous aider.
>
> ▶ Si vous n'avez pas compris une question de l'examinateur :
> – dites que vous n'avez pas compris ;
> – demandez-lui de préciser ses propos ;
> – demandez confirmation de ce que vous avez compris.

2 - Voici maintenant deux sujets. Lisez-les et **choisissez** celui que vous préférez. Choisissez le sujet également en fonction du vocabulaire que vous maîtrisez le mieux.

Sujet 1 : Apprendre le français
Où avez-vous commencé à apprendre le français ? Combien de temps a duré votre premier cours ? Avez-vous trouvé cela difficile ? Quel matériel avez-vous utilisé ?

Sujet 2 : Faire garder ses enfants
Dans votre pays, où vont les bébés et les jeunes enfants avant de rentrer à l'école ? Est-ce qu'il y a des établissements spécialisés ? Est-ce que les enfants restent à la maison avec un de leurs parents ? Et vous, où êtes-vous allé(e) avant de rentrer à l'école ?

3 - Répondez aux questions suivantes :
Sujet choisi : *Réponse en fonction du choix fait.*
Pourquoi ? *Réponse en fonction du choix fait.*
Quel vocabulaire faut-il connaître pour parler de ce sujet ? *Réponse en fonction du choix fait.*

4 - Préparez maintenant votre présentation.

▶ Notez vos réponses sur la feuille de brouillon (écrivez seulement quelques mots pour répondre à chaque question).
Pour le sujet n° 1, vous pouvez écrire : Alliance française / 6 mois / plutôt facile / livres, télévision, Internet et CD.
Vos réponses sont « vos mots-clés ». Ils vont vous permettre de faire votre exposé devant l'examinateur.

▶ Puis complétez vos mots-clés en notant quelques idées supplémentaires (1 ou 2, pas plus) que vous avez sur le sujet.

▶ Pour finir, pensez aussi aux mots de liaison (connecteurs) pour relier vos phrases entre elles *(et, car, donc, mais…).*

Propositions
Sujet 1 :
J'ai commencé à apprendre le français quand j'avais 13 ans au collège en Allemagne. C'est la troisième langue que j'ai étudiée. J'avais 2 h de cours par semaine. Au début, je trouvais que c'était difficile car il y avait beaucoup de choses à apprendre mais après quelques mois, j'ai fait beaucoup de progrès grâce à mes professeurs. Pour apprendre le français, j'utilise des livres et des sites Internet.

Sujet 2 :
Je suis suédoise. Dans mon pays, en Suède, après la naissance d'un enfant, les parents ont droit à un congé parental qui peut durer jusqu'à seize mois. Ils sont payés 80 % du salaire. Ce congé peut être pris par le père ou la mère. Mais les crèches suédoises n'acceptent pas les enfants de moins d'un an. Et il y a peu d'établissements pour la garde des enfants.

S'ENTRAÎNER

Exercice 5 — 4 points

1 - Lisez le sujet.

Sujet : Votre lieu préféré
Parlez de votre lieu préféré. Où se trouve ce lieu ? Est-ce que c'est un lieu touristique ?
Avec qui allez-vous dans ce lieu ? Est-ce que vous y allez souvent ? L'aimez-vous ? Expliquez pourquoi.

2 - Préparez votre exposé au brouillon.
▸ Notez les mots-clés et quelques idées supplémentaires, aidez-vous du tableau ci-après.

Outils pour vous aider à décrire un lieu
1. Où se trouve ce lieu ? A-t-il un nom ? 2. Quelles sont ses caractéristiques physiques (nombre d'habitants, taille, paysage...) ? 3. Quelles sont ses caractéristiques culturelles ? 4. Pourquoi aimez-vous ce lieu ? 5. Pourquoi avez-vous choisi de décrire ce lieu ?

3 - Faites votre exposé oralement pendant 2 minutes.
▸ N'oubliez pas de relier vos idées entre elles.

Outils pour vous aider à situer dans l'espace
– Ici, là-bas, loin, près, au loin, autour, au bout, entre, contre... – Devant, derrière, à gauche de, à droite de, dans, sur, sous, au-dessus, au-dessous, à côté... – À, sur, sous, à côté de, loin de, contre, à travers, par, près de, auprès de, vers, au-delà de, par-dessus... – Proche, lointain, distant, long, court, séparé, large, étroit, supérieur, inférieur...

Exercice 6 — 4 points

1 - Lisez le sujet.

Sujet : La musique
Est-ce que vous écoutez souvent de la musique ? Quel genre de musique préférez-vous ? Pourquoi ? Quand et où écoutez-vous cette musique ? Quel style de musique vous n'aimez pas ? Pourquoi ?

2 - Préparez votre exposé au brouillon en notant les mots-clés et quelques idées supplémentaires en vous aidant des expressions ci-dessous.

> J'aime / J'adore / Je n'aime pas / Je ne déteste pas / J'aime bien / Je ne supporte pas / Je déteste / Je m'intéresse beaucoup / J'apprécie / Je préfère

Outils pour vous aider : quelques styles musicaux			
Chanson française	Jazz	Pop	Soul
Disco	Metal	Raï	Techno
Flamenco	Musique classique	Rap	Variété
Gospel	Musique électronique	Rock	Zouk
Hard rock	Musique orientale	Salsa	
Hip hop	Opéra	Slam	

production orale

3 Exercice en interaction

Exercice 7 **4 points**

▶ Pour cette troisième partie, vous devez **simuler un dialogue** avec l'examinateur afin de résoudre une situation de la vie quotidienne. Vous montrerez que vous êtes capable de **saluer** et d'**utiliser des règles de politesse**.

Voici un exemple de sujet :

Sujet
Vous habitez en France et voulez sortir avec un ami cette semaine. Vous regardez les différentes possibilités de sorties sur le programme ci-dessous. Vous discutez des prix et des horaires. Vous choisissez une sortie ensemble.
L'examinateur joue le rôle de votre ami.

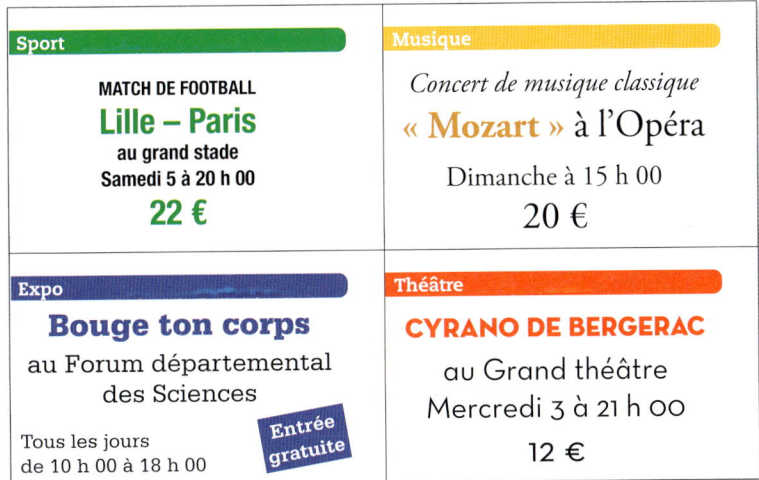

1 - **Lisez** bien le sujet et répondez aux questions suivantes :
– Quel est mon rôle ? *Étudiant(e), employé(e), ami(e), collègue…*
– Quel est celui de l'examinateur ? *Ami, chef, collègue, parent, professeur…*
– Qu'est-ce que je dois faire avec ce sujet ? *M'inscrire, réserver, choisir une sortie, demander quelque chose…*
– Quel registre de langue dois-je utiliser ? *familier, courant, soutenu…*

2 - **Trouvez** des idées.

▶ Pour vous aider, répondez aux questions suivantes : Que devons-nous faire ? Quel est le problème à résoudre ? Qu'est-ce que je dois demander ? De quoi devons-nous parler ?

▶ Notez seulement des mots clés et des questions sur votre feuille. Vous n'avez pas le temps de rédiger un dialogue complet. La conversation va aussi dépendre des réponses et des questions de l'examinateur.

Vous : Salut Martin ! Comment ça va ?
Votre ami : Ça va très bien et toi ?
Vous : Alors qu'est-ce qu'on fait cette semaine ?
Votre ami : Je ne sais pas, tu as des idées ?
Vous : Oui, on pourrait aller voir une pièce de théâtre, il y a Cyrano de Bergerac mercredi. Qu'en penses-tu ?
Votre ami : Ah oui, pourquoi pas. C'est à quelle heure ?
Vous : À 21 h. Tu serais disponible ?
Votre ami : Oui, je sors du travail à 20 h mercredi. Et combien coûtent les places ?
Vous : Je crois que c'est 12 € par personne. Ça va, c'est raisonnable ? Tu veux que je prenne des places ?
Votre ami : Oui, je suis d'accord. On pourrait inviter Rosalie aussi ?
Vous : OK, je lui en parle. Et demain, j'irai acheter les places. Je t'appelle après.
Votre ami : OK, merci.
Vous : Au revoir !

S'ENTRAÎNER

3 - Organisez vos idées.
Élaborez un mini-plan :
A - Introduction : choisissez les formules de salutation adaptées à la personne à qui vous devez parler (un ami, un collègue, votre chef…) : *Salut, comment vas-tu ? Bonjour, comment allez-vous ?*
B - Développement
– Présentez la situation.
– Exprimez vos sentiments : vous aimez, vous n'aimez pas, vous êtes d'accord…
C - Conclusion : terminez la conversation en résumant ce que vous avez décidé ou organisé avec l'examinateur. Et n'oubliez pas de prendre congé en utilisant les formules adaptées à la situation : *Salut, Au revoir…*

▸ Relisez la consigne attentivement pour déterminer quel ordre vous devez respecter.

▸ Pour les 3 parties, vous devez absolument organiser votre discours en utilisant des connecteurs logiques.

Outils pour vous aider	
Pour introduire une première idée	D'abord, dans un premier temps, premièrement…
Pour introduire d'autres idées	Après, deuxièmement, troisièmement, ensuite, mais aussi, puis, après…
Pour terminer	Enfin, finalement…
Pour exprimer une opposition	Au contraire, mais…
Pour introduire une explication	Car, en effet, parce que, puisque…
Pour marquer une conséquence	Ainsi, alors, aussi, donc, c'est pourquoi, par conséquent…

Exercice 8 *(4 points)*

Vous tirez au sort deux sujets et vous en choisissez un. Vous devez **simuler un dialogue** avec l'examinateur afin de résoudre une situation de la vie quotidienne. Vous montrez que vous êtes capable de saluer et d'utiliser des règles de politesse.
Dans certains sujets, le genre masculin est utilisé pour alléger le texte. Vous pouvez naturellement adapter la situation en adoptant le genre féminin.

▸ Pour déterminer l'objectif de l'échange, lisez plusieurs fois le sujet et repérez les verbes importants.

▸ Identifiez s'il s'agit d'une situation formelle ou informelle (est-ce que les personnes se connaissent ou pas ?). En fonction de cela, utilisez les formules de politesse appropriées.

Sujet 1 : Faire du sport
Vous habitez dans une ville française et vous voulez faire du sport. Vous allez dans un club de gym demander des informations sur les tarifs, les sports, les cours, les horaires. Vous discutez avec l'employé du club de sport. Vous vous inscrivez.
L'examinateur joue le rôle de l'employé du club de sport.

Sujet 2 : Se déplacer
Vous travaillez dans une société en France. Vous devez aller voir un client dans une entreprise qui se trouve à 20 kilomètres de chez vous. Vous discutez avec votre chef pour savoir ce qui est le plus pratique et le plus rapide. Vous choisissez ensemble la meilleure solution.
L'examinateur joue le rôle de votre chef.

production orale

Exercice 9 — 4 points

Vous tirez au sort deux sujets et vous en choisissez un. Vous devez **simuler un dialogue** avec l'examinateur afin de résoudre une situation de la vie quotidienne. Vous montrez que vous êtes capable de saluer et d'utiliser des règles de politesse.
Dans certains sujets, le genre masculin est utilisé pour alléger le texte. Vous pouvez naturellement adapter la situation en adoptant le genre féminin.

Sujet 1 : Absence
Vous suivez des études dans une université française. Vous devez partir quelques jours pour des raisons personnelles. Vous allez voir votre professeur et lui dites que vous serez absent au prochain cours. Vous lui expliquez pour quelle raison. Vous lui demandez comment vous pourrez récupérer le cours.
L'examinateur joue le rôle du professeur.

Sujet 2 : Fête de fin d'année
Vous travaillez dans une entreprise française. C'est la fin de l'année. Votre responsable vous a demandé d'organiser une fête pour les enfants des employés de l'entreprise avec votre collègue. Vous vous mettez d'accord sur l'heure, le lieu de la fête, le programme et les choses à acheter.
L'examinateur joue le rôle de votre collègue.

 ▶ Si vous n'avez pas bien compris ce que l'examinateur vous demande, vous pouvez lui demander de préciser ou de clarifier ses propos.

Outils pour vous aider	
Demander une explication supplémentaire Pourriez-vous répéter, s'il vous plaît ? Pourriez-vous préciser/m'expliquer à nouveau, s'il vous plaît ?	**Demander une confirmation** J'ai compris que… Est-ce bien cela ? Si je comprends bien, vous me dites que…

Prêt pour l'examen !

Communication

- Acheter des biens/commander
- Comparer
- Décrire son expérience, des projets
- Expliquer/justifier/préciser
- Exprimer ses impressions
- Inviter/accepter/refuser
- Faire un bref exposé
- Faire des projets
- Localiser
- Parler de soi et de son environnement familier
- Parler de ses activités
- Présenter une personne
- Raconter une histoire
- Réagir à des propositions

Socioculturel

Attitude à l'examen

Saluer : Bonjour madame, Au revoir, monsieur

Utiliser le « vous » : Quel est votre âge ?

Utiliser les formules de politesse : s'il vous plaît, merci, pardon, excusez-moi.

Regarder l'examinateur dans les yeux. En France, c'est un signe de respect de son interlocuteur.

Ne pas mâcher de chewing-gum ou jouer avec son stylo.

Vocabulaire

- Pays
- Amis
- Description
- École
- Famille
- Goûts
- Habitudes/horaires
- Lieux
- Quartier
- Travail
- Ville

Grammaire

Le futur proche

L'imparfait

Le passé composé

Les indicateurs de temps
dans, depuis, pendant, il y a, en

Les connecteurs temporels
alors, après, d'abord, enfin, ensuite

L'énumération
alors, après, ensuite, et, et puis, enfin, voilà, pour finir

Les connecteurs logiques
à cause de, avec, parce que, alors, c'est pour cela, donc, pour, mais

STRATÉGIES

1. J'utilise des intonations différentes pour les affirmations et les questions. J'accentue des mots pour appuyer mes idées.

2. Il me manque un mot pour continuer ma phrase ? J'explique autrement, avec d'autres mots.

production orale

POUR DIRE

Faire des projets
- La semaine prochaine, nous allons faire une randonnée en montagne.
- À la rentrée prochaine, je ferai un bilan de compétences.
- Je rêve de faire le tour du monde en vélo.
- Je souhaite valider mon niveau en français pour partir vivre au Québec.
- C'est décidé, je vais créer une maison d'édition.
- Je pense monter ce projet bientôt.

Décrire son expérience / parler d'événements passés
- Pendant mes études, j'ai habité au Canada.
- J'ai eu la possibilité de rencontrer une nouvelle culture.
- Je suis parti(e) vivre en Inde, il y a trois ans.
- Quand j'étais enfant, je vivais en Afrique.
- En 2016, j'ai décidé de changer de métier.
- Au XVIIIe siècle, le français était la langue de la diplomatie.
- L'an dernier, j'ai commencé des cours de français professionnel.

Expliquer/justifier/préciser
- J'ai adoré ce voyage parce que j'ai rencontré des gens très différents.
- … parce ce que j'adore cette langue.

Exprimer ses impressions
- C'était formidable/fantastique/agréable ! (+)
- J'ai trouvé ça mauvais/raté/horrible/triste/désagréable (-)

Localiser
- Mon appartement est situé à l'est de la ville. Il est à côté de la mairie, en face de la cathédrale. Il faut passer le pont et prendre la première à gauche.

Raconter une histoire
- Je me souviens de ma première visite en France.
- J'ai des souvenirs incroyables de cette période de ma vie.

Réagir à des propositions
- C'est vrai ?
- Ah bon ?
- Je ne suis pas d'accord.
- Pas du tout !
- Excellente idée !
- Oui, pourquoi pas !
- Je vais réfléchir.
- Je ne sais pas.
- Je ne trouve pas.

Description d'un quartier
- Agréable
- Ancien
- Animé
- Bruyant
- Calme
- Vivant
- Agrandir
- Assainir
- Construire
- Détruire
- Chic
- Magnifique
- Moderne
- Tranquille
- Embellir
- Moderniser
- Transformer

Horaires
- Je travaille du lundi au vendredi, de 8 h 30 à 18 h.
- Je travaille à temps partiel/à mi-temps/à temps complet.

Lieux
- Une agence de voyage
- Une association
- Une banque
- Un centre de langues
- Un club de sport
- Un magasin
- Un office de tourisme
- Un restaurant
- Une salle de concert
- Une salle de réunion

Logement
- Un appartement
- Une maison
- Un immeuble
- Une résidence principale
- Une résidence secondaire
- Un studio
- Le balcon
- La chambre
- La salle de bains
- Le salon
- Le garage
- Les toilettes
- Le couloir

Je suis prêt(e) ?

Les 4 questions à se poser

1. Est-ce que je connais les formules de base pour entrer en contact avec quelqu'un ?
2. Est-ce que je suis capable de parler sans attendre les questions de l'examinateur ?
3. Est-ce que je sais réagir à des propositions ?
4. Est-ce que je connais assez d'adjectifs pour décrire ?

Prêt pour l'examen !

Avant l'examen

À faire

- ☐ **Réviser** le vocabulaire
  description, logement, habitudes et goûts

- ☐ **Réviser** la syntaxe
  Le passé composé pour raconter ses activités, l'imparfait pour décrire des situations, le futur pour parler de projets, les adjectifs pour décrire le caractère, les couleurs, les mots de liaison pour une présentation logique

- ☐ **S'entraîner** à parler à voix haute, s'enregistrer ou travailler en groupe

Le jour de l'examen

- ☐ respirer et se détendre
- ☐ faire répéter
- ☐ noter quelques idées et des exemples
- ☐ parler lentement
- ☐ utiliser des connecteurs pour une présentation claire
- ☐ toujours dire VOUS à l'examinateur et utiliser les formules de politesse

AUTO-ÉVALUATION

Compréhension de l'oral	Oui	Pas toujours	Pas encore
Je peux repérer des informations précises (numéros, heure, date, prix, noms).			
Je peux comprendre des consignes/des instructions simples.			
Je peux comprendre l'information essentielle d'une émission de radio.			
Je peux comprendre le sujet et les informations principales d'une conversation simple.			

Compréhension des écrits	Oui	Pas toujours	Pas encore
Je peux comprendre des instructions simples d'une brochure, d'un programme ou d'une publicité.			
Je peux repérer les informations principales d'un courrier et sa fonction (donner des nouvelles, annoncer, proposer, inviter, remercier).			
Je peux suivre des indications très simples de panneaux dans des lieux publics.			
Je peux identifier le sujet d'un article et les informations importantes (qui, à qui, quoi, quand, où, comment).			

Production écrite	Oui	Pas toujours	Pas encore
Je peux décrire un événement ou raconter une expérience personnelle (lieux, personnes, impressions positives et négatives).			
Je peux écrire un message et inviter, accepter, refuser, proposer, féliciter, remercier			
Je peux adapter les formules de politesse au destinataire.			

Production orale	Oui	Pas toujours	Pas encore
Je peux parler de moi et décrire des activités passées et des expériences personnelles.			
Je peux faire un bref exposé et justifier mes opinions.			
Je peux choisir les actes de parole par rapport à une situation proposée.			

Épreuve blanche 1 Option tout public DELF A2

Compréhension de l'oral　　25 points

Vous allez écouter plusieurs documents. Il y a 2 écoutes.
Avant chaque écoute, vous entendez le son suivant.
Dans les exercices 1, 2 et 3, pour répondre aux questions, cochez la bonne réponse.

Exercice 1　6 points　

Vous écoutez des annonces publiques.

DOCUMENT 1
Lisez la question. Écoutez le document puis répondez.

1. À quelle heure pouvez-vous voir la nouvelle voiture ?　　1 point
A ☐ 10 heures.
B ☐ 15 heures.
C ☐ 19 heures.

DOCUMENT 2
Lisez la question. Écoutez le document puis répondez.

2. Que pouvez-vous gagner ?　　1 point

A ☐　　　　　　　　B ☐　　　　　　　　C ☐

DOCUMENT 3
Lisez la question. Écoutez le document puis répondez.

3. À votre arrivée, que devez-vous faire ?　　1 point
A ☐ Aller dans un bureau.
B ☐ Prendre un formulaire.
C ☐ Faire une photo d'identité.

DOCUMENT 4
Lisez la question. Écoutez le document puis répondez.

4. Pourquoi le train a-t-il un problème ? Parce qu'il y a...　　1 point

A ☐　　　　　　　　B ☐　　　　　　　　C ☐

DOCUMENT 5
Lisez la question. Écoutez le document puis répondez.

5. Pour voir un médecin, que devez-vous faire ? 1 point
A ☐ Aller au guichet n°1.
B ☐ Revenir un autre jour.
C ☐ Remplir un formulaire.

DOCUMENT 6
Lisez la question. Écoutez le document puis répondez.

6. Qui a droit à un compte bancaire gratuit ? 1 point

A ☐   B ☐   C ☐

Exercice 2 **6 points**

Vous écoutez la radio.

DOCUMENT 1
Lisez les questions. Écoutez le document puis répondez.

1. Le cinéma Le Dandy fête... 1 point
A ☐ la fin de travaux.
B ☐ son anniversaire.
C ☐ la sortie d'un film.

2. Que recevez-vous si vous achetez une place ? 1 point

A ☐   B ☐   C ☐

DOCUMENT 2
Lisez les questions. Écoutez le document puis répondez.

3. Que recevez-vous gratuitement si vous achetez un bonnet ? 1 point
A ☐ Un bonnet.
B ☐ Un manteau.
C ☐ Une écharpe.

4. À quelle heure ferme le magasin le dimanche ? 1 point
A ☐ À 17 heures.
B ☐ À 19 heures.
C ☐ À 21 heures.

DOCUMENT 3
Lisez les questions. Écoutez le document puis répondez.

5. Qu'est-ce que la banque donne aux jeunes ? 1 point

A ☐   B ☐   C ☐

6. Jusqu'à quelle date pouvez-vous aller à la banque ? 1 point
A ☐ Jusqu'au 18 juin.
B ☐ Jusqu'au 15 juillet.
C ☐ Jusqu'au 25 juillet.

Exercice 3   **6 points**

**Vous travaillez dans une entreprise française.
Vous écoutez ce message sur un répondeur téléphonique.
Lisez les questions. Écoutez le document puis répondez.**

1. Demain, que fait Luc ? 1 point
A ☐ Il entre à l'hôpital.
B ☐ Il part en vacances.
C ☐ Il quitte son emploi.

2. Que devez-vous faire ? 1 point
A ☐ Répondre à Luc.
B ☐ Écrire à Mme Anty.
C ☐ Téléphoner à M. Furet.

3. Quel objet veut M. Furet ? 1 point

 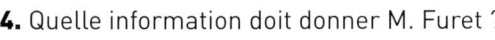 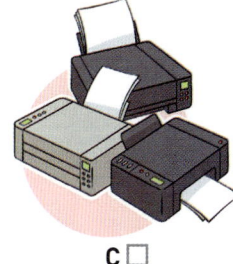

A ☐   B ☐   C ☐

4. Quelle information doit donner M. Furet ? 1 point
A ☐ La taille.
B ☐ La couleur.
C ☐ La quantité.

5. Que prépare Mme Anty ?   1 point
- **A** ☐ Une porte ouverte.
- **B** ☐ Un déménagement.
- **C** ☐ Un repas entre collègues.

6. Vous allez avoir quel temps ce week-end ?   1 point

A ☐   B ☐   C ☐

Exercice 4   **7 points**

Vous écoutez 4 dialogues. Cochez pour associer chaque dialogue à la situation correspondante.
Attention : il y a 6 situations mais seulement 4 dialogues.
Lisez les situations. Écoutez les dialogues puis répondez.

	A. Remercier	**B.** Décrire un lieu	**C.** Proposer une activité	**D.** Interdire quelque chose	**E.** Indiquer un chemin	**F.** Accueillir une personne
1. Dialogue 1 (1 point)						
2. Dialogue 2 (2 points)						
3. Dialogue 3 (2 points)						
4. Dialogue 4 (2 points)						

Compréhension des écrits

25 points

Exercice 1 — 6 points

Vous habitez en France et vous recevez des amis étrangers pour les vacances. Vous voulez proposer des activités à vos amis. Vous lisez ces annonces au centre culturel.

DOCUMENT 1

MUSÉE DE LA POUPÉE ET DU JOUET ANCIEN

Une visite pour découvrir une collection de poupées anciennes et des voitures anciennes.

DOCUMENT 2

LE CENTRE HISTORIQUE MINIER DE LEWARDE

Vous découvrirez un musée sur les mines et une bibliothèque pour découvrir l'histoire du charbon.

DOCUMENT 3

Vous embarquez dans une barque spéciale pour les rivières peu profondes et vous découvrirez un paysage naturel exceptionnel.

DOCUMENT 4

SPORTS EN FAMILLE

Décathlon Campus organise chaque mois un événement sportif pour faire découvrir de nouveaux sports pour toute la famille.

DOCUMENT 5

À Lille, depuis 1991, un théâtre de marionnettes propose des spectacles pour les enfants.

DOCUMENT 6

Venez manger à l'estaminet de la ferme aux oies. Vous pourrez aussi faire des jeux dans le parc.

Quelle annonce allez-vous choisir pour chacun de vos amis ? Associez chaque document à la personne correspondante.
Attention : il y a huit personnes mais seulement six documents.
Cochez une seule case pour chaque document.

Personnes	Doc. 1	Doc. 2	Doc. 3	Doc. 4	Doc. 5	Doc. 6
A. Mira cherche une activité pour sa fille de 3 ans.						
B. Pablo veut découvrir de nouveaux sports.						
C. Hélène souhaite emmener sa famille au restaurant.						
D. Salah adore marcher sur la plage.						
E. Baptiste aime se promener dans la nature.						
F. Josef est passionné par la géographie.						
G. Daniel s'intéresse à l'histoire de la région.						
H. Hakim adore les jouets anciens.						

Exercice 2   6 points

Vous dirigez un club de tennis. Vous recevez cette lettre.

> Madame, Monsieur,
>
> J'ai inscrit mon fils Mohammed HALIM aux cours de tennis du mercredi matin le 8 juin dernier.
>
> Aujourd'hui, je vous écris pour vous demander l'annulation de l'inscription de mon fils Mohammed HALIM. En effet, mon fils aura école le mercredi matin cette année. Il ne pourra donc pas participer aux entraînements du mercredi matin. Nous ne manquerons pas de le réinscrire l'année prochaine si son emploi du temps le permet.
>
> Pourriez-vous me confirmer la bonne réception de ce courrier par sms au 06 16 78 89 78 ?
>
> Je joins à ce message un relevé d'identité bancaire (RIB) pour le remboursement des frais d'inscription ainsi que son emploi du temps de l'école pour justifier ma demande.
>
> Je vous remercie par avance de votre compréhension.
>
> Je vous prie d'agréer, Madame, Monsieur, l'expression de mes sentiments distingués.
>
> Samira HALIM

Pour répondre aux questions, cochez la bonne réponse.

1. À quel sport est inscrit le garçon ?   *1 point*

A ☐   B ☐   C ☐

2. Quel est l'objectif de la lettre ?   *1 point*
A ☐ Faire une inscription.
B ☐ Annuler une demande.
C ☐ Demander des informations.

3. Que va faire le garçon le mercredi matin ?   *1 point*
A ☐ Faire du sport.
B ☐ Aller à l'école.
C ☐ Rester à la maison.

4. Quelle confirmation demande l'expéditeur ? 1 point
A ☐ Un sms.
B ☐ Un appel.
C ☐ Un courrier.

5. Qu'est-ce que l'expéditeur a envoyé avec la lettre ? 1 point

A ☐   B ☐   C ☐

6. Pourquoi la dame a-t-elle ajouté l'emploi du temps de son fils ? 1 point
A ☐ Pour justifier l'absence de son fils.
B ☐ Pour présenter ses activités.
C ☐ Pour répondre à une demande.

Exercice 3   6 points

Vous travaillez dans une boulangerie. Vous lisez ces documents. Pour répondre aux questions, cochez la bonne réponse.

DOCUMENT 1

> **RÈGLES DU MAGASIN**
> – Enlever tous les produits non vendus hier.
> – Mettre les invendus à la poubelle.
> – Nettoyer la vitrine avec du produit désinfectant.
> – Aller à la cuisine chercher les nouveaux gâteaux.
> – Mettre les gâteaux dans la vitrine.
> – Laver les plats sales avec le produit vaisselle.
> – Mettre les prix devant chaque gâteau.
> – Se laver les mains avec le savon.

1. Avec quoi faut-il nettoyer la vitrine ? 1 point
A ☐ Du savon.
B ☐ Du désinfectant.
C ☐ Du produit vaisselle.

2. Où devez-vous prendre les nouveaux gâteaux ? 1 point
A ☐ Au restaurant.
B ☐ À la cuisine.
C ☐ Au magasin.

DOCUMENT 2

Recette de la tarte à la pêche.

1. Faire une pâte à tarte (farine + eau + beurre).
2. Étaler la pâte à tarte.
3. Mettre les pêches en morceaux sur la pâte.
4. Battre les œufs avec le sucre.
5. Mettre le beurre mou.
6. Ajouter le jus et le zeste de citron vert pour finir la crème.
7. Mettre la crème par-dessus les fruits.
8. Faire cuire au four pendant 30 minutes à 180°C.

3. Que faut-il mélanger avec les œufs ? *1 point*
A ☐ Le sucre.
B ☐ La crème.
C ☐ Les pêches.

4. Que faut-il mettre sur les pêches à la fin ? *1 point*
A ☐ Du sucre.
B ☐ Du beurre.
C ☐ De la crème.

DOCUMENT 3

Commande de boîtes à gâteaux :

① Aller sur le site Internet du fournisseur.
② Compléter le bon de commande.
③ Choisir les jours de livraison.
④ Imprimer le formulaire.
⑤ Faire signer le formulaire par votre responsable.
⑥ Envoyer le formulaire + le paiement par chèque à l'adresse indiquée en bas à droite.
⑦ Envoyer un courriel au commercial pour le prévenir de la commande.

5. Que devez-vous faire en premier ? *1 point*
A ☐ Appeler une personne.
B ☐ Compléter un formulaire.
C ☐ Envoyer un mail.

6. Que devez-vous envoyer avec le formulaire ? *1 point*
A ☐ Le paiement.
B ☐ Un courriel.
C ☐ Votre adresse.

Exercice 4 — 7 points

Vous lisez cet article dans un journal sur Internet.

Comme chaque année, en France, la deuxième quinzaine d'août marque le début des courses pour la rentrée des écoliers français. Cette année, les commandes internet de fournitures scolaires rencontrent un fort succès. Le magasin Bureau Vallée de Tours-Nord enregistre une hausse de ces commandes en ligne depuis le début du mois.

Faire sa liste de fournitures scolaires en quelques clics et récupérer sa commande toute prête, c'est ce que propose le magasin. Une offre qui séduit de plus en plus de familles. C'est rapide et pratique.

Fernande Cerjak est la directrice de ce magasin spécialisé, elle constate une hausse du nombre de commandes internet cette année : « *On a de plus en plus de commandes en ligne. Je pense que c'est plus simple pour les familles. Elles sont à la maison, elles peuvent prendre le temps de regarder et de choisir.* »

© France Bleu Touraine – Radio France, 19/08/2020

Pour répondre aux questions, cochez la bonne réponse.

1. Que se passe-t-il en France pendant les quinze derniers jours d'août ?   *2 points*
- **A** ☐ C'est la rentrée des classes.
- **B** ☐ C'est le moment d'acheter les fournitures.
- **C** ☐ C'est la fin de l'année scolaire.

2. Cette année les Français préfèrent aller dans les magasins.   *1 point*
- **A** ☐ Vrai.   **B** ☐ Faux.

3. L'offre du magasin Bureau Vallée plaît…   *1 point*
- **A** ☐ aux professeurs.
- **B** ☐ aux familles.
- **C** ☐ aux étudiants.

4. Passer par Internet, c'est plus rapide.   *1 point*
- **A** ☐ Vrai.   **B** ☐ Faux.

5. Où est-ce que sont les personnes qui utilisent le site Internet ?   *1 point*
- **A** ☐ Au bureau.
- **B** ☐ À l'école.
- **C** ☐ À la maison.

6. Quel est l'avantage principal de commander les fournitures en ligne ?   *1 point*
- **A** ☐ On a plus de choix.
- **B** ☐ On a plus de temps.
- **C** ☐ On a plus de conseils.

Production écrite

25 points

Exercice 1 12,5 points

Vous avez participé à une journée sportive. Vous écrivez un courriel à votre meilleur(e) ami(e) français(e) pour lui raconter votre journée. Vous lui donnez vos impressions sur cette journée. (60 à 80 mots).

Exercice 2 12,5 points

Vous recevez cette invitation de la part de votre ami francophone. Vous répondez à Jean-Baptiste. Vous acceptez son invitation. Vous lui demandez ce que vous pouvez apporter. Vous lui posez des questions sur son lieu d'habitation. (60 à 80 mots).

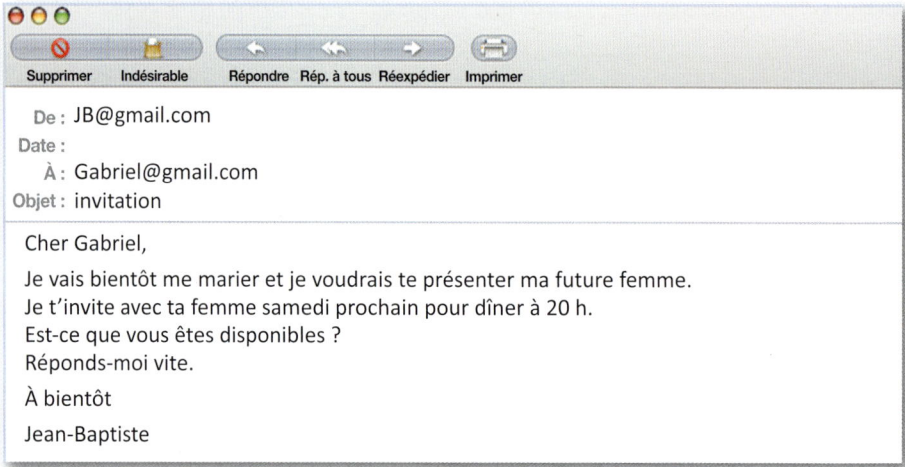

De : JB@gmail.com
Date :
À : Gabriel@gmail.com
Objet : invitation

Cher Gabriel,

Je vais bientôt me marier et je voudrais te présenter ma future femme.
Je t'invite avec ta femme samedi prochain pour dîner à 20 h.
Est-ce que vous êtes disponibles ?
Réponds-moi vite.

À bientôt

Jean-Baptiste

Production orale

25 points

L'épreuve comporte 3 parties. Elle dure 6 à 8 minutes. La première partie se déroule sans préparation. Vous avez 10 minutes pour préparer les parties 2 et 3 (monologue suivi et exercice en interaction). Les 3 parties s'enchaînent.

1. **Entretien dirigé (1 à 2 minutes)**
2. **Monologue suivi (2 minutes environ)**
3. **Exercice en interaction (3 à 4 minutes)**

1. ENTRETIEN DIRIGÉ – 1 minute 30 environ
Après avoir salué votre examinateur, vous vous présentez (vous parlez de vous, de votre famille, de vos amis, de vos études, de vos goûts, des animaux que vous aimez, etc.). L'examinateur vous posera des questions complémentaires.

2. MONOLOGUE SUIVI – 2 minutes environ
Vous tirez au sort deux sujets et vous en choisissez un. Vous vous exprimez sur le sujet. L'examinateur peut ensuite vous poser des questions pour vous aider.

Sujet 1 : Télévision
Regardez-vous souvent la télévision ? Quelles émissions aimez-vous ?

Sujet 2 : La ville
Est-ce que vous aimez les grandes villes ? Pourquoi ? Dites aussi ce que vous n'aimez pas dans les villes et expliquez pourquoi.

Sujet 3 : Sport
Quel(s) sport(s) pratiquez-vous ? Pourquoi ?

3. EXERCICE EN INTERACTION – 3 à 4 minutes environ
Vous tirez au sort deux sujets et vous en choisissez un. Vous devez simuler un dialogue avec l'examinateur afin de résoudre une situation de la vie quotidienne. Vous montrez que vous êtes capable de saluer et d'utiliser les règles de politesse.

Sujet 1 : Cinéma
Vous habitez en France. Vous voulez allez au cinéma avec un ami français. Vous regardez le programme. Vous discutez avec lui pour savoir quel film vous allez voir (genre du film, horaires…).
L'examinateur joue le rôle de votre ami.

Sujet 2 : À la banque
Vous vivez à Marseille, dans le sud de la France. Vous devez ouvrir un compte bancaire. Vous allez dans une banque qui est à côté de chez vous pour ouvrir un compte bancaire. Vous posez des questions sur la procédure, les tarifs, l'accès sur Internet et les documents à fournir.
L'examinateur joue le rôle de l'employé de banque.

Sujet 3 : À la médiathèque
Vous voulez vous abonner à la médiathèque de votre quartier. Vous demandez des renseignements à l'employé : type de documents (livres, DVD…), nombre de documents à emprunter, durée des emprunts, tarifs, réduction, documents à apporter pour l'inscription.
L'examinateur joue le rôle de l'employé de la médiathèque.

Compréhension de l'oral

25 points

Vous allez écouter plusieurs documents. Il y a 2 écoutes.
Avant chaque écoute, vous entendez le son suivant.
Dans les exercices 1, 2 et 3, pour répondre aux questions, cochez la bonne réponse.

Exercice 1 6 points

Vous écoutez des annonces publiques.

DOCUMENT 1
Lisez la question. Écoutez le document puis répondez.

1. Combien de films pouvez-vous prendre ? 1 point
A ☐ 3. B ☐ 4. C ☐ 8.

DOCUMENT 2
Lisez la question. Écoutez le document puis répondez.

2. Quel temps va-t-il faire ce week-end ?

A ☐ B ☐ C ☐

DOCUMENT 3
Lisez la question. Écoutez le document puis répondez.

3. Combien coûte d'imprimer ?
A ☐ 30 centimes.
B ☐ 50 centimes.
C ☐ 80 centimes.

DOCUMENT 4
Lisez la question. Écoutez le document puis répondez.

4. Que va vous donner l'hôtesse dans l'avion ? 1 point

A ☐ B ☐ C ☐

DOCUMENT 5
Lisez la question. Écoutez le document puis répondez.

5. Où se trouve le sac ? 1 point
A ☐ Près de la bijouterie.
B ☐ Dans le magasin de sport.
C ☐ À l'accueil du centre commercial.

DOCUMENT 6
Lisez la question. Écoutez le document puis répondez.

6. Quel cadeau pouvez-vous gagner ? 1 point

 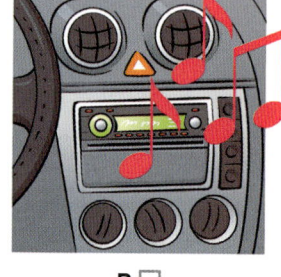 

A ☐   B ☐   C ☐

Exercice 2 — **6 points**

Vous écoutez la radio.

DOCUMENT 1
Lisez les questions. Écoutez le document puis répondez.

1. Pour quelle saison la pharmacie donne-t-elle des conseils ? 1 point

A ☐   B ☐   C ☐

2. Si vous êtes piqué par un insecte, que devez-vous faire ? 1 point
A ☐ Mettre de la crème.
B ☐ Aller à la pharmacie.
C ☐ Prendre un comprimé.

DOCUMENT 2
Lisez les questions. Écoutez le document puis répondez.

3. Au salon, qui est présent pour vous aider ? 1 point
A ☐ Des étudiants.
B ☐ D'anciens patrons.
C ☐ Des employés municipaux.

4. Au salon, vous allez... 1 point
A ☐ discuter des salaires.
B ☐ trouver des petites annonces.
C ☐ comprendre un contrat de travail.

DOCUMENT 3
Lisez les questions. Écoutez le document puis répondez.

5. Quelle était la profession de Pierre Gabin ? 1 point

A ☐   B ☐   C ☐

6. Quel jour ouvre l'exposition ? 1 point
A ☐ Le 1er mai.
B ☐ Le 8 mai.
C ☐ Le 31 mai.

Exercice 3   **6 points**

Vous travaillez dans une entreprise française. Vous écoutez ce message sur un répondeur téléphonique. Lisez les questions. Écoutez le document puis répondez.

1. Quand est-ce que la cliente a fait des achats dans votre magasin ? 1 point
A ☐ Hier.
B ☐ La semaine dernière.
C ☐ Le mois dernier.

2. Qu'est-ce que la cliente a acheté ? 1 point

A ☐   B ☐   C ☐

3. Quel est le problème ? 1 point
A ☐ L'objet est cassé.
B ☐ Il manque un document.
C ☐ La cliente a acheté un autre modèle.

4. Pour qui la cliente achète-t-elle une chaise ? 1 point

A ☐   B ☐   C ☐

5. Quelle matière souhaite la cliente ? 1 point
A ☐ Du fer.
B ☐ Du bois.
C ☐ Du plastique.

6. Comment devez-vous contacter la cliente ? 1 point
A ☐ Par mail.
B ☐ Par lettre.
C ☐ Par téléphone.

Exercice 4   **7 points**

Vous écoutez 4 dialogues. Cochez pour associer chaque dialogue à la situation correspondante.
Attention : il y a 6 situations mais seulement 4 dialogues.
Lisez les situations. Écoutez les dialogues puis répondez.

	A. Exprimer la surprise	**B.** Remercier quelqu'un	**C.** S'informer sur un lieu	**D.** Refuser une invitation	**E.** Prendre un rendez-vous	**F.** Donner son opinion
1. Dialogue 1 (2 points)						
2. Dialogue 2 (2 points)						
3. Dialogue 3 (1 point)						
4. Dialogue 4 (2 points)						

Compréhension des écrits

25 points

Exercice 1   6 points

Vous habitez en France et vous devez aider vos amis à organiser plusieurs soirées au restaurant. Vous lisez plusieurs descriptions de restaurants. Qu'allez-vous proposer à chacun de vos amis ? Associez chaque document à la personne correspondante.

DOCUMENT 1

LA PETITE AUBERGE
Ce restaurant traditionnel français propose une cuisine simple qui utilise des produits de la région. Tous les légumes sont bios.

DOCUMENT 2

L'EMPREINTE
Le chef étoilé propose des plats gastronomiques. La carte propose de très bons vins. Cadre très agréable surtout le soir.

DOCUMENT 3

LA THÉIÈRE D'ALICE
Invitez vos enfants pour un goûter magique avec des gâteaux magnifiques, des boissons colorées et des jeux de société.

DOCUMENT 4

LE PETIT BAL
Un lieu sympathique où vous pouvez dîner entre amis tout en écoutant de la musique ! Et terminer en dansant.

DOCUMENT 5

LE ZANZIBAR
Un restaurant qui propose une cuisine exotique : décoration colorée et plats du monde entier. Les serveurs portent des costumes.

DOCUMENT 6

VERS ATHÈNES
Venez découvrir des plats grecs cuisinés par Melina. Vous pourrez déjeuner en regardant des danseurs traditionnels. Dépaysement garanti.

Personnes	Doc. 1	Doc. 2	Doc. 3	Doc. 4	Doc. 5	Doc. 6
A. Hélène aime la cuisine des chefs étoilés.						
B. Sheila veut déjeuner rapidement.						
C. Isabelle veut manger en regardant un spectacle.						
D. Gabriel voudrait dîner avec ses amis et écouter de la musique.						
E. Nicolas veut emmener son ami dans un restaurant qui fait de la cuisine étrangère.						
F. Reem aime la cuisine française.						
G. Baptiste cherche un lieu pour goûter avec ses enfants.						
H. Pierre veut acheter un dîner à emporter.						

Exercice 2   6 points

Vous travaillez à la SNCF (société des trains en France). Vous recevez ce courriel.

> Madame, Monsieur,
>
> Le 11 octobre dernier, j'ai voyagé à bord du train TGV n°245 au départ de Paris Nord et à destination de Lille dont le départ était prévu à 7 h 46.
>
> Cependant, en raison d'une panne informatique au départ en gare de Paris Nord (départ à 8 h 56), le train n'a pas pu arriver à l'heure prévue. Il est arrivé à Lille à 10 h 16. À cause de cela, je n'ai pas pu assister à une réunion professionnelle importante.
>
> Ainsi, je vous demande de bien vouloir me rembourser mon billet de train, conformément à l'article 1147 du Code civil.
>
> Vous trouverez ci-joint, mon justificatif de voyage ainsi qu'un relevé d'identité bancaire.
>
> Dans l'attente d'une réponse favorable, je vous prie de croire, Madame, Monsieur, en l'expression de mes sentiments distingués.
>
> Hector Randasso.

Pour répondre aux questions, cochez la bonne réponse.

1. À quelle heure le train du voyageur devait-il partir ?   1 point
A ☐ 7 h 46.
B ☐ 8 h 56.
C ☐ 10 h 16

2. Que s'est-il passé au départ ?   1 point
A ☐ Il y a eu un problème technique.
B ☐ Un voyageur était malade.
C ☐ Il y a eu un incident informatique.

3. À quelle heure est arrivé le train à Lille ?   1 point

A ☐   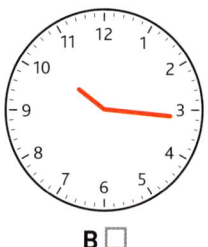 B ☐   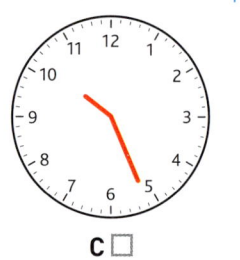 C ☐

4. Quel problème a eu le voyageur ?   1 point
A ☐ Il n'a pas pu aller à Lille.
B ☐ Il n'a pas pu aller à une réunion.
C ☐ Il n'est pas allé travailler.

5. Que demande le voyageur ?   1 point
A ☐ Un remboursement.
B ☐ Un échange.
C ☐ Un cadeau.

6. Quel document envoie-t-il avec le courriel ? 1 point

A ☐   B ☐   C ☐

Exercice 3   6 points

Vous travaillez dans un camping pendant l'été, en France. Vous lisez ces documents. Pour répondre aux questions, cochez la bonne réponse.

DOCUMENT 1

> Chaque jour, vous commencez à 7 h :
> – Portez les vêtements du camping : short + tee-shirt.
> – Mettez des baskets pour votre sécurité.
> – Accueillez les clients avec le sourire.
> – Faites remplir le formulaire.
> – Faites une photocopie de la pièce d'identité du client.
> – Donnez au client le plan du camping + son numéro de place de parking.
> – Invitez le client au cocktail de bienvenue (17 h dimanche au bar).

1. Quel vêtement devez-vous porter ? 1 point
A ☐ La tenue du camping.
B ☐ Des vêtements de sécurité.
C ☐ Vos habits personnels.

2. Que devez-vous photocopier ? 1 point
A ☐ Le formulaire.
B ☐ Une pièce d'identité.
C ☐ Un plan.

DOCUMENT 2

> Bonjour,
>
> Voici les instructions pour la journée :
> → Chalet 18 : Le four ne marche pas. Contacte l'électricien pour la réparation.
> → Le client de l'emplacement 15 a oublié sa serviette à la piscine. Il passera la chercher ce soir. Elle est rangée sur l'étagère dans le bureau.
> → Place de parking 19, il y a une branche d'arbre qui est cassée. Demande à Pablo d'aller la couper.
>
> Merci,
> Reem

3. Qui devez-vous appeler pour réparer le four ?   *1 point*
- A ☐ Un jardinier.
- B ☐ Un électricien.
- C ☐ Une femme de ménage.

4. Que s'est-il passé à la piscine ?   *1 point*
- A ☐ Un client a oublié quelque chose.
- B ☐ Un client a trouvé quelque chose.
- C ☐ Un client s'est fait voler quelque chose.

DOCUMENT 3

Mode d'emploi nettoyage de la piscine

1. Éteignez le moteur.
2. Nettoyez le fond de la piscine avec l'aspirateur.
3. Ramassez les feuilles sur l'eau avec le filet vert.
4. Lavez les bords avec du produit pour le sol.
5. Rincez avec de l'eau (tuyau jaune).
6. Mettez du produit désinfectant sur l'échelle.
7. Allumez le moteur.

5. Avec quoi devez-vous nettoyer la piscine ?   *1 point*
- A ☐ Un tuyau.
- B ☐ Un balai.
- C ☐ Un aspirateur.

6. Que devez-vous mettre sur l'échelle ?   *1 point*
- A ☐ De l'eau.
- B ☐ Du savon.
- C ☐ Du désinfectant.

Exercice 4   7 points

Vous lisez ce guide touristique.

DIRECTION LILLE

Lille attire chaque année dans le Nord plus d'un million de touristes. Depuis 25 ans, la ville a beaucoup changé en passant d'ancienne cité industrielle à une métropole moderne accessible à moins d'une heure de train de Paris.

Rénovée depuis plusieurs années, l'agglomération lilloise concentre dans ses quartiers beaucoup de monuments à visiter.

De la Grand-Place rendue aux piétons au Palais des Beaux-arts qui abrite la seconde plus grande collection d'œuvres en France après le Louvre, du Beffroi de l'hôtel de ville, inscrit au patrimoine mondial de l'Unesco, aux pavés chargés d'histoire du Vieux-Lille, de la citadelle Vauban, avec son grand parc au quartier populaire de Wazemmes et son marché haut en couleurs, la métropole lilloise a largement de quoi vous occuper, entre un plat de moule frites et une fricadelle.

© le Petit Futé Lille - NEU

Pour répondre aux questions, cochez la bonne réponse.

1. Lille n'intéresse pas les touristes.   1 point
A ☐ Vrai.   B ☐ Faux.

2. D'après le guide, quel est l'avantage de Lille ?   1 point
A ☐ Elle n'est pas très loin de Paris.
B ☐ Il y a beaucoup d'industries.
C ☐ C'est une ville traditionnelle.

3. Que s'est-il passé à Lille depuis des années ?   1 point
A ☐ Des travaux de rénovation.
B ☐ L'installation d'une gare TGV.
C ☐ La création de nouveaux musées.

4. À Lille, quel monument abrite une collection d'œuvres très importantes ?   1 point
A ☐ Le Louvre.
B ☐ La Citadelle Vauban.
C ☐ Le Palais des Beaux-Arts.

5. Quel monument est inscrit au patrimoine mondial de l'Unesco ?   1 point
A ☐ Le Beffroi de l'hôtel de ville.
B ☐ Le quartier de Wazemmes.
C ☐ La Grand-Place.

6. Il existe des plats traditionnels à Lille ?   2 points
A ☐ Vrai.   B ☐ Faux.

Production écrite

25 points

Exercice 1 — 12,5 points

Vous avez un nouveau logement. Vous écrivez à votre ami(e) pour le décrire (nombre de pièces, disposition, caractéristiques, etc.). Vous dites ce que vous aimez et ce que vous n'aimez pas dans ce nouveau logement. (60 à 80 mots).

Exercice 2 — 12,5 points

Vous recevez ce message d'une amie belge. Vous répondez à votre amie. Vous la remerciez pour cette invitation mais vous refusez. Vous lui expliquez pourquoi vous ne pouvez pas venir. Vous proposez une autre rencontre.

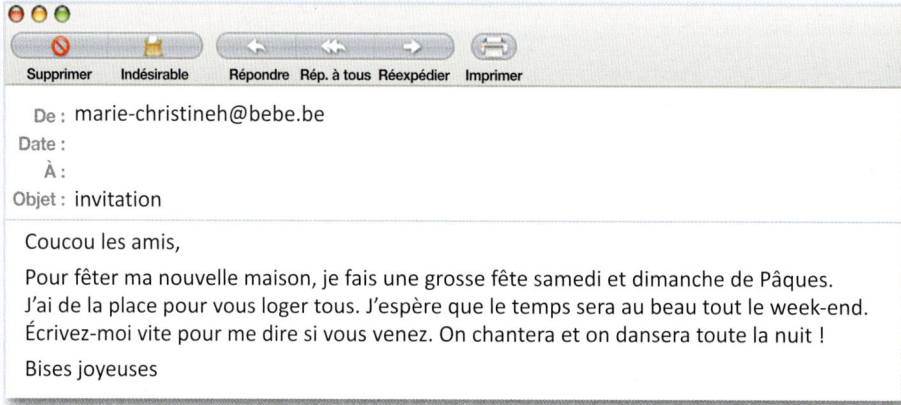

De : marie-christineh@bebe.be
Date :
À :
Objet : invitation

Coucou les amis,

Pour fêter ma nouvelle maison, je fais une grosse fête samedi et dimanche de Pâques. J'ai de la place pour vous loger tous. J'espère que le temps sera au beau tout le week-end. Écrivez-moi vite pour me dire si vous venez. On chantera et on dansera toute la nuit !

Bises joyeuses

Épreuve blanche 2 Option tout public DELF A2

Production orale

25 points

L'épreuve comporte 3 parties. Elle dure 6 à 8 minutes. La première partie se déroule sans préparation. Vous avez 10 minutes pour préparer les parties 2 et 3 (monologue suivi et exercice en interaction). Les 3 parties s'enchaînent.

1. Entretien dirigé (1 à 2 minutes)
2. Monologue suivi (2 minutes environ)
3. Exercice en interaction (3 à 4 minutes)

1. ENTRETIEN DIRIGÉ – 1 minute 30 environ

Après avoir salué votre examinateur, vous vous présentez (vous parlez de vous, de votre famille, de vos amis, de vos études, de vos goûts, des animaux que vous aimez, etc.). L'examinateur vous posera des questions complémentaires.

2. MONOLOGUE SUIVI – 2 minutes environ

Vous tirez au sort deux sujets et vous en choisissez un. Vous vous exprimez sur le sujet. L'examinateur peut ensuite vous poser des questions pour vous aider.

Sujet 1 : Votre lieu d'études
Où étudiez-vous ? Décrivez ce lieu.

Sujet 2 : Se déplacer
Quel(s) moyen(s) de transport utilisez-vous dans votre vie quotidienne ?

Sujet 3 : Week-end
Que faites-vous pendant le week-end ?

3. EXERCICE EN INTERACTION – 3 à 4 minutes environ

Vous tirez au sort deux sujets et vous en choisissez un. Vous devez simuler un dialogue avec l'examinateur afin de résoudre une situation de la vie quotidienne. Vous montrez que vous êtes capable de saluer et d'utiliser les règles de politesse.

Sujet 1 : Logement
Vous avez besoin d'un nouveau logement pour votre famille. Vous visitez une maison à louer. Vous posez des questions à l'agent immobilier sur la maison (taille, loyer, charges…).
L'examinateur joue le rôle de l'agent immobilier.

Sujet 2 : Nouveau travail
Vous allez commencer un nouveau travail. Avant de signer le contrat de travail, vous posez des questions sur le travail au responsable du personnel.
L'examinateur joue le rôle du responsable.

Sujet 3 : École pour votre enfant
Vous cherchez une école pour votre enfant. Vous allez à la mairie pour vous renseigner. Vous posez des questions à l'employé sur les écoles de la ville (lieux, tarifs, activités).
L'examinateur joue le rôle de l'employé.

COMMENT LA PRODUCTION ÉCRITE A2 EST ÉVALUÉE ?

Les correcteurs habilités sont dotés d'une grille pour évaluer les 2 exercices de production écrite ; pour chaque exercice, c'est la même grille qui est utilisée (chaque exercice est noté sur 12,5 points).

Il y a **5 critères** pour évaluer plusieurs compétences.

Compétence pragmatique : les correcteurs vérifient si le candidat est capable d'écrire un texte court qui répond à la consigne ; ils vérifient également si le candidat peut raconter un événement, des activités ou une expérience personnelle et s'il peut apporter des détails ; ils vérifient aussi si le candidat peut relier des phrases avec les connecteurs les plus fréquents.

Compétence sociolinguistique : les correcteurs vérifient si le candidat peut utiliser les formules de politesse les plus courantes et adapter sa production à la situation.

Compétence linguistique : les correcteurs vérifient si le candidat peut utiliser un répertoire de mots adéquats à la situation, orthographier correctement les mots appartenant au répertoire courant et utiliser correctement des structures syntaxiques et des formes grammaticales simples.

Si la production du candidat ne respecte pas la consigne, s'il n'écrit pas suffisamment de mots ou s'il ne complète pas l'exercice, les correcteurs cochent une « anomalie » et suivent les instructions indiquées dans la grille.

Critères		Niveau de performance			
		Non répondu ou production insuffisante	En dessous du niveau ciblé	Au niveau ciblé	
				A2	A2+
Compétence pragmatique	Réalisation de la tâche	☐ 0	☐ 0,5	☐ 1,5	☐ 2,5
	Cohérence et cohésion	☐ 0	☐ 0,5	☐ 1,5	☐ 2,5
Compétence sociolinguistique	Adéquation sociolinguistique	☐ 0	☐ 0,5	☐ 1,5	☐ 2,5
Compétence linguistique	Lexique	☐ 0	☐ 0,5	☐ 1,5	☐ 2,5
	Morphosyntaxe	☐ 0	☐ 0,5	☐ 1,5	☐ 2,5
Anomalies	*Si la production contient des anomalies, veuillez cocher la ou les cases correspondantes :* ☐ Hors-sujet thématique : le candidat ne peut pas être identifié « A2+ » pour les critères « réalisation de la tâche » et « lexique ». ☐ Hors-sujet discursif : le candidat ne peut être identifié ni « A2 » ni « A2+ » pour les critères « réalisation de la tâche » et « cohérence et cohésion ». ☐ Hors-sujet complet (thématique et discursif) : attribuez la note 0 aux critères « réalisation de la tâche », « cohérence et cohésion » et « adéquation sociolinguistique ». Le candidat ne peut être identifié ni « A2 » ni « A2+ » pour les critères « lexique » et « morphosyntaxe ». ☐ Copie blanche : attribuez 0 à l'ensemble des critères de cet exercice. ☐ Manque de matière évaluable : si le candidat produit moins de 50 % du nombre de mots attendus (soit 29 mots ou moins), attribuez 0 à l'ensemble des critères de cet exercice.				

COMMENT LA PRODUCTION ORALE A2 EST ÉVALUÉE ?

Les examinateurs habilités sont dotés d'une grille pour évaluer l'épreuve de production orale.

Il y a **6 critères** pour évaluer plusieurs compétences.

Compétences pragmatique et sociolinguistique : les examinateurs vérifient si le candidat peut se présenter, raconter des projets ou des activités avec des explications brèves, expliquer pourquoi il aime ou il n'aime pas quelque chose ; ils vérifient également si le candidat peut interagir dans des situations prévisibles de la vie quotidienne et respecter les règles de politesse de la situation de communication.

Compétence linguistique : les examinateurs vérifient si le candidat est capable d'utiliser un vocabulaire varié pour s'exprimer sans difficulté sur des sujets familiers et courants ; ils vérifient également si le candidat peut utiliser correctement la plupart des structures syntaxiques et des formes grammaticales simples ainsi que quelques structures complexes courantes ; ils vérifient si le candidat a une prononciation généralement correcte.

Critères		Niveau de performance			
		Non répondu ou production insuffisante	En dessous du niveau ciblé	Au niveau ciblé	
				A2	A2+
Compétences pragmatique et sociolinguistique	Réalisation de la tâche : entretien dirigé (1 minute 30 environ)	☐ 0	☐ 1	☐ 2,5	☐ 4
	Réalisation de la tâche : monologue suivi (2 minutes environ)	☐ 0	☐ 1	☐ 2,5	☐ 4
	Réalisation de la tâche : exercice en interaction (3 à 4 minutes)	☐ 0	☐ 1	☐ 2,5	☐ 4
Compétence linguistique *(pour les trois parties de l'épreuve)*	Lexique	☐ 0	☐ 1	☐ 3	☐ 5
	Morphosyntaxe	☐ 0	☐ 1	☐ 2,5	☐ 4
	Maîtrise du système phonologique	☐ 0	☐ 1	☐ 2,5	☐ 4

TRANSCRIPTIONS

Compréhension de l'oral

Activité 1, p. 12 `PISTE 1`

1. Il est interdit de courir autour du grand bain.
2. Moins 30 % sur tous les articles au rayon électroménager.
3. Les voyageurs sont priés de se rendre au point information en face de la voie 5.
4. Les voyageurs en partance pour Rome, embarquement immédiat porte 8.

Activité 2, p. 12 `PISTE 2`

1. Le magasin reste ouvert tout le week-end.
2. Attachez vos ceintures avant le décollage.
3. Vous êtes au niveau moins 2, parking Hôtel-de-Ville.
4. Deux minutes avant le départ du train, les portes se ferment automatiquement.
5. Pour réserver une place, appelez le numéro indiqué sur l'écran.

Activité 3, p. 12 `PISTE 3`

1. Voie 5, le train Thalys n° 6291 pour Bruxelles partira à 9 h 10.
2. Le TGV 7829 entrera en gare de Marseille voie 7. Arrivée prévue : 12 h 07.
3. Le train 5957 en provenance de Paris Gare de Lyon, à destination de Clermont-Ferrand, partira quai A à 17 h.
4. Le train TER numéro 2936, à destination de Cambrai, départ 10 h 45, va être mis en place voie 8.

Activité 4, p. 12 `PISTE 4`

Départ du train 2365 à destination de Rennes à 13 h 50 voie B. Les voies A à D se situent au premier étage par l'escalier roulant.

Activité 5, p. 13 `PISTE 5`

Chers clients, aujourd'hui, le magasin reste ouvert jusqu'à 21 h. Pour vous éviter une attente trop longue aux caisses du rez-de-chaussée, vous pouvez régler vos achats au 1er étage. Des caisses supplémentaires sont à votre disposition.

Activité 6, p. 13 `PISTE 6`

Demain mercredi, la piscine fermera ses portes à 20 h en raison d'une compétition régionale.

Activité 7, p. 13 `PISTE 7`

Chers spectateurs, vos téléphones portables doivent être éteints pendant toute la durée de la représentation. Merci de votre compréhension.

Activité 8, p. 14 `PISTE 8`

1. Le bonnet est obligatoire.
2. La sortie est à gauche de l'écran.
3. Des étiquettes pour les bagages sont disponibles au guichet.
4. La caisse n° 1 est réservée au paiement par carte.

Activité 9, p. 15 `PISTE 9`

1. Vous cherchez des idées de repas ? Jusqu'à la fin du mois, des surprises vous attendent à Rond-Point Boutique : 17 % d'économie sur tous les produits alimentaires.
2. Je me trouve maintenant à l'entrée de l'hôtel. Beaucoup de gens sont venus attendre la star. Certains sont là depuis 5 h du matin, comme Michel et son frère.
3. Bonjour, le journal de midi. Au sommaire, l'accident d'avion de la compagnie Air Villa, le rendez-vous des chefs d'État à Versailles, le match de tous les dangers pour le Paris Football Club, et la météo toujours grise.
4. Réfléchissez bien, Jérôme il vous reste 5 secondes pour trouver la bonne réponse et vous pourrez choisir de continuer ou d'arrêter pour gagner 8 jours à la montagne.
5. Monsieur le ministre, bonjour. Tout d'abord, je vous remercie d'être là ce soir. Vous allez nous parler d'un sujet qui nous préoccupe tous : la pollution.

Activité 10, p. 15 `PISTE 10`

Comme Guillaume, d'autres jeunes attendent beaucoup de ce rendez-vous du Salon de l'innovation et de l'entreprise. Eux ont créé un boîtier intelligent qui diffuse des morceaux de musique sans faire de téléchargement avant…

Activité 11, p. 15 `PISTE 11`

Pour jouer à notre jeu et partager avec le candidat la somme de 1 000 euros, envoyez un texto avant 14 h au 3820 en tapant 1 pour la réponse A et 2 pour la réponse B.

Activité 12, p. 15 `PISTE 12`

1. Les températures sont très basses pour la saison : en dessous de zéro sur la moitié du territoire. On n'avait pas vu cela depuis 1995. 5 450 personnes sont privées d'électricité.
2. Il n'y a plus que 29 km de bouchons en Île-de-France sur l'A10. En province, on comptait 196 km de ralentissements sur les routes.

Activité 13, p. 16 — PISTE 13

En raison de la disparition brutale du chanteur le plus populaire, nous changeons notre programme de demain soir. À la place de l'émission « La parole aux jeunes », rediffusion de son dernier concert en public. C'était à Marseille l'année dernière.

Activité 14, p. 16 — PISTE 14

Nous sommes en direct devant le Palais de justice. Nous attendons la sortie des avocats. Beaucoup de monde autour de nous malgré le froid et la pluie. Les personnes ont été libérées en début d'après-midi.

Activité 15, p. 16 — PISTE 15

1. Chers habitants de Colmar, bonjour. Nous sommes heureux d'être chez vous et de faire découvrir votre jolie ville à nos auditeurs.
2. Le responsable des transports parisiens est en ligne avec nous, je vais lui poser les questions que j'ai reçues par texto.

Activité 16, p. 16 — PISTE 16

1. Très belle intervention du joueur de Madrid, mais ah là là, quel dommage ! la balle passe à côté du but.
2. Quelle ambiance ce soir dans cette salle ! Tout le monde reprend en chœur les plus célèbres morceaux.
3. Gérard, vous m'entendez ? Je suis en haut de l'avenue et des centaines de voitures sont bloquées depuis une heure.

Activité 17, p. 17 — PISTE 17

1. C'est votre voisine. Ma fille a oublié ses clés chez vous. Elle viendra les chercher en fin d'après-midi.
2. On demande M. Férand chez le directeur dans les plus brefs délais.
3. Les résultats des analyses médicales de Mme Chapry sont disponibles à partir de 17 h.
4. L'assuré doit prendre un ticket à l'entrée du bureau des réclamations.

Activité 18, p. 17 — PISTE 18

Suite à une erreur informatique, votre commande n'a pas été enregistrée. Nous vous demandons de nous rappeler avant 10 heures demain au numéro gratuit 08 56 43 91 31 pour nous donner votre adresse électronique.

Activité 19, p. 17 — PISTE 19

1. Coucou Amélie, prendre un an de plus, ce n'est pas un problème, mais une fête ! J'espère que tu penseras à moi quand tu souffleras tes bougies.
2. Salut les amis, j'espère que c'est toujours d'accord pour samedi soir ? Venez vers 20 h et n'oubliez pas le gâteau.
3. Bravo Fabien ! Sortir premier de cette école, c'est vraiment super ! Tu dois être content.
4. Alors, ça y est, le petit Paul est né ! Toutes mes félicitations à la maman et au papa !

Activité 20, p. 18 — PISTE 20

Tu n'as pas oublié que samedi on fêtait mon arrivée dans mon nouvel appartement ? La station de métro la plus proche est République. Et surtout, n'oublie pas le code de la porte d'entrée : 452 T. À samedi alors !

Activité 21, p. 18 — PISTE 21

1. Je vous ai déjà dit de refermer la porte doucement quand vous entrez dans mon bureau.
2. Simon, arrête ta musique et viens mettre la table, s'il te plaît.
3. Le document B n'est pas rempli correctement. Votre demande ne pourra pas être acceptée.
4. Vous avez une réduction de 30 % supplémentaire sur le deuxième article.

Activité 22, p. 18 — PISTE 22

Mme Deval ? C'est Arthur Gulvy, le professeur de guitare de votre fils. Je ne pourrai pas venir cet après-midi, mais demain après le lycée, Léo peut rattraper le cours avec sa cousine Isabelle et Martin.

Activité 23, p. 18 — PISTE 23

1. Allô, je veux parler au responsable. J'attends ma livraison depuis 8 h ce matin, c'est inadmissible !
2. Tu ne peux pas venir à ma soirée ? Comme c'est dommage !
3. Comment ? Il est déjà directeur du magasin à son âge !
4. Je vous ai déjà dit cent fois d'éteindre vos téléphones pendant le cours.
5. C'est super de se déplacer à vélo sur ces nouvelles pistes cyclables !

Activité 24, p. 18 — PISTE 24

Mais arrêtez de pousser ! J'étais avant vous dans la file. Attendez votre tour comme tout le monde. Non mais ce n'est pas possible !

Activité 25, p. 19 — PISTE 25

1. – Tu es toujours d'accord pour aller voir un film cet après-midi ?
– Oui, oui. On se retrouve à 13 h 45 devant le Ciné Palace.

2. – Ta fête était super, j'ai fait des photos de tout le monde !
– Oh, c'est sympa ! Tu peux me les envoyer ?
3. – Émilie t'a dit ? Elle part en Amérique du Sud pendant trois mois.
– Oui, c'est un beau voyage, je suis contente pour elle.
4. – J'ai plus de batterie, tu peux me prêter ton portable ?
– OK, mais pas longtemps, j'attends un appel.

Activité 26, p. 19   PISTE 26
– Alors, comme ça, le voyage est annulé ?
– Eh oui, moi aussi j'étais contente de partir !
– C'est vraiment dommage ! On allait passer un bon moment.

Activité 27, p. 19   PISTE 27
Je vous rappelle que vous avez jusqu'à lundi prochain pour me redonner votre travail. Vous pouvez l'apporter à la prochaine réunion sur le campus, lundi matin, mais le plus simple est de l'envoyer avant à mon adresse électronique. L'administration de l'établissement m'a confirmé que la note comptera pour votre examen final.

Activité 28, p. 19   PISTE 28
1. Qu'est-ce que je vous avais dit ? Il ne faut pas ranger les produits dangereux en bas des rayons. Vous ne comprenez rien !
2. Votre promotion est méritée. Vous avez obtenu les meilleurs chiffres de vente cette année. Félicitations !
3. Je ne veux plus vous voir dans ma classe. Allez-vous-en ! Je fais un rapport au proviseur. Prenez vos affaires et sortez !
4. Mais c'est formidable ! Nous allons recevoir un cadeau de la direction ? C'est une bonne surprise.

Activité 29, p. 20   PISTE 29
1. – Regarde, la voilà. Comme elle est belle ! Sa robe lui va bien, et le bouquet de fleurs, tu as vu, ces fleurs !
– Oui, et la lumière est belle. C'est bien de se marier au printemps, les couleurs sont superbes.
2. – Allez, Mamie, souffle les bougies. Tes petits-enfants vont t'aider.
– 90 bougies, ça fait beaucoup ! Vite, prépare les assiettes pour le gâteau.
3. – J'espère que tu n'as pas oublié de lui donner une bouteille d'eau. C'est long quatre heures sans bouger.
– Je lui ai donné aussi une pomme, en attendant de passer l'oral, s'il a faim.
4. – Allô, Brigitte, ça y est, je suis grand-mère ! Elle s'appelle Aurélie et pèse 3,100 kg.
– Bravo, tu embrasseras la maman pour moi. J'irai la voir quand elle rentrera à la maison.

Activité 30, p. 20   PISTE 30
– Je ne comprends pas, Armand, tu devais venir pour les vacances de Noël et tu me dis maintenant que tu pars avec des copains à la montagne ?
– Oh papa, s'il te plaît, laisse-moi aller avec mes copains. On va faire du ski pendant huit jours. Je fêterai Noël en janvier avec vous !

Activité 31, p. 20   PISTE 31
1. – Bonjour madame, je viens m'inscrire en 1re année de licence.
– Ah ! vous n'êtes pas au bon bureau. Ici, c'est le secrétariat pédagogique. Vous devez aller au bureau 417, au secrétariat administratif.
2. – J'ai une idée pour l'anniversaire de grand-père : on lui achète une tablette numérique.
– C'est cher, tu sais ! Même si je te donne un peu plus d'argent de poche.
3. – Attendez, docteur, vous pouvez répéter ? Je n'ai pas bien noté l'heure du rendez-vous.
– Vous avez rendez-vous à mon cabinet, jeudi à 15 h 30.
4. – Je vous rapporte cette robe. Ce n'est pas ma taille : vous m'avez donné un 42, c'est trop grand.
– Donnez-moi le ticket de caisse, je vais voir en rayon si je l'ai en 40.
5. – Vous avez les papiers du véhicule, s'il vous plaît ?
– Oui, oui, je vous les donne tout de suite. Je croyais qu'on avait le droit de se garer ici.

Activité 32, p. 20   PISTE 32
– Allô, c'est Lucile. J'ai un service à te demander, maman : tu peux garder Romain demain matin ? La crèche est fermée exceptionnellement et j'ai une réunion importante qui dure toute la matinée au bureau.
– Bon, oui, je vais m'arranger, mais à partir de 14 h, je ne suis plus libre. Viens le chercher vers 13 h 30, il aura déjeuné.

Exercice 1, p. 21   PISTE 33
1. Les passagers du vol Air France n° 5691, à destination de Rome, sont priés de se présenter à la porte B 37, embarquement immédiat.
2. Chers clients, c'est bientôt l'été, faites des économies : moins 20 % sur les vêtements et moins 40 % sur les chaussures. Rendez-vous au 1er étage !

Exercice 2, p. 22   PISTE 34
1. Vos places en trois clics sur le site de votre cinéma. Choisissez votre film, 3 w, 3 clics, 3 secondes. Achetez vos places en ligne.
2. Mesdames, messieurs, la station de métro Gaîté est fermée pour travaux toute la semaine sauf le dimanche et le lundi de 6 h à 22 h.
3. Mercredi exceptionnel aux Galeries Jitrouvetout. Aujourd'hui, c'est la folie dans tous les rayons !

Soldes monstres sur tous les produits avec une étiquette rouge. Deux DVD achetés, un troisième gratuit.
4. Attention, le cours de yoga est annulé. La danse va commencer dans la salle 5 avec Marina. Pour la musculation, rendez-vous en salle 4.
5. Mesdames, messieurs, la voiture bleue AA-125-BC est garée sur le parking des pompiers. Son propriétaire doit la changer de place le plus vite possible. Merci !
6. Votre attention s'il vous plaît ! Léo, 8 ans, s'est perdu au rayon des jouets. Il attend son papa à l'accueil du magasin. Merci !

Exercice 3, p. 23 PISTE 35

1. Mesdames et messieurs, la visite du musée va commencer. Merci de montrer votre ticket à votre guide, Anna, et d'entrer dans la salle derrière l'accueil.
2. Le spectacle commence ! Merci d'éteindre votre portable. Après la pièce, les comédiens vous attendent pour discuter dans la salle de musique. Bon spectacle !
3. La rencontre avec Rémi Giletti va commencer dans 15 minutes. Rendez-vous au 2e étage, au rayon « romans ». Achetez son nouveau livre, votre magasin vous offre un CD de musique classique !
4. Dans le parc, les pique-niques ne sont pas autorisés, mais vous pouvez entrer avec une boisson. Pour déjeuner, le chef du restaurant Quatre étoiles vous attend ! Bonne journée !
5. La piscine ferme ses portes dans 10 minutes. Merci de sortir de l'eau et de prendre vos affaires. Attention, demain, dimanche, la piscine est fermée. À lundi !
6. Chers clients, votre supermarché est heureux de vous faire goûter ses gâteaux de saison. Votre pâtissier vous attend, près du rayon des fruits et légumes.

Exercice 4, p. 25 PISTE 36

Vous écoutez Radio Numéro 1, il est 8 h 30. L'une des principales informations, c'est l'incroyable douceur hivernale. Cela fait maintenant presque quatre semaines que les températures sont au-dessus des températures de saison sur toute la France.

Exercice 5, p. 26 PISTE 37

1. Chers auditeurs ! À l'occasion de la sortie de son nouvel album *Cinq*, vous pouvez gagner 2 places pour le concert de Lisa ! Appelez vite votre radio préférée, donnez la bonne réponse à la question posée, et c'est gagné !
2. Du 10 au 18 mars, venez à Saulgé pour découvrir son festival du livre ancien. Vous pouvez visiter ses expositions et rencontrer les auteurs présents. L'entrée est payante. Rendez-vous sur le site de la mairie pour en savoir plus.
3. Cet été avec les départs en vacances, les routes vont être pleines de vacanciers ! Choisissez le train plutôt que la voiture. En plus, il y a 20 % de réduction sur tous les billets achetés ce week-end ! N'attendez plus !

Exercice 6, p. 27 PISTE 38

1. Ce week-end, rendez-vous à Bizé, pour son festival de peinture ! Les artistes vous attendent pour vous montrer leurs œuvres d'art sous la grande tente. Achetez votre billet directement à l'entrée du festival. Pour plus d'informations, visitez notre site : www.mairiedebize.fr.
2. Chers auditeurs, les soldes finissent ce week-end. Alors, n'attendez plus ! Venez vite dans votre magasin de jardinage préféré pour acheter vos plantes pour l'été ! Chez Rozam, profitez de réductions exceptionnelles : jusqu'à moins 70 % !
3. Vous aimez la langue française ? Vous écrivez bien ? Participez au grand jeu de l'orthographe de votre radio préférée ! Nous offrons au gagnant un chèque de 100 €. Inscrivez-vous au 09 50 23 51 89.

Exercice 7, p. 28 PISTE 39

Bonjour, c'est Jérémie Talvot, votre nouveau collègue du bureau 307, à côté du vôtre. Je me permets d'appeler parce que j'ai trouvé vos clés avec votre badge à côté de la machine à café. Je voulais vous rassurer, vous ne les avez pas perdus. Je peux les remettre à la secrétaire à l'accueil ou vous les donner demain matin. Vous pouvez me rappeler ce soir sur le fixe pour me dire la solution que vous préférez. Mon numéro est le 01 32 81 06 12.

Exercice 8, p. 29 PISTE 40

Bonjour, ici l'agence de voyages Revatoutprix. J'ai des clients qui devaient partir demain à 10 h 15 par le vol 541 de Roissy-Charles-de-Gaulle à destination de Varsovie. Malheureusement, ils sont bloqués sur une île en Bretagne par une tempête. Les communications seront rétablies seulement demain matin. Pouvez-vous me rappeler à l'agence le plus vite possible pour trouver ensemble une solution ? L'assurance se charge de l'annulation de demain mais, je voudrais réserver un autre vol après-demain même heure sur Air Pologne.

Exercice 9, p. 30 PISTE 41

Bonjour ! C'est Marc. Je t'appelle pour la fête de départ de Nathalie. C'est vendredi prochain, à midi. J'ai déjà réservé la salle de réunion. Tu peux envoyer un mail à tous les collègues pour les prévenir ? Je m'occupe du cadeau : c'est une cafetière, elle boit tout le temps du café ! Le directeur paye les boissons et comme elle a travaillé 17 ans au service informatique, ses collègues achètent le gâteau. Merci ! À plus tard !

Exercice 10, p. 31 PISTE 42

1. – On n'a pas choisi notre destination de vacances...
– Tu sais que je préfère la montagne.
– Et moi, la mer.
– Bon, on va à la mer cette fois. Et la prochaine fois à la montagne.
– Parfait !
2. – Est-ce que ça te dirait d'aller au musée ce week-end ?
– Euh, attends, je regarde mon agenda... Oui, je suis libre !
– Il y a une exposition sur Degas au musée d'Orsay.
– Avec plaisir ! J'adore ce peintre !
3. – Je suis désolée pour mon retard.
– Je t'attends depuis une demi-heure !
– J'ai travaillé très tard, et après, j'ai raté le bus...
– Bon, d'accord. Allez viens, le film va commencer.
4. – Maman, est-ce que je peux sortir demain soir et dîner chez Thomas ?
– On devait manger en famille.
– S'il te plaît maman...
– Bon, d'accord, mais tu ne rentres pas tard !

Exercice 11, p. 32 PISTE 43

1. – Les vacances approchent, je voudrais partir au soleil !
– Vas-y, achète-toi un billet pour le Sud !
– La mer me manque, j'ai envie de me baigner.
– Tu as bien raison !
2. – Je ne comprends pas : la poste est encore fermée.
– Mais c'est normal, aujourd'hui, on est samedi.
– Et ils sont ouverts quand alors ?
– Du lundi au vendredi.
– Ah d'accord.
3. – Marc, est-ce que tu as vu mon stylo préféré ?
– Il est comment ?
– Celui qui est bleu, avec écrit « Paris Je t'aime » sur le côté.
– Ah non, désolé.
4. – Tu te souviens que tu dînes sans moi ce soir.
– Ah bon ? Pourquoi ?
– Je t'ai dit que j'avais une réunion de travail jusqu'à 21 heures.
– Ah oui, peut-être.

Exercice 12, p. 32 PISTE 44

1. – Oh, regarde ! L'université propose des tarifs intéressants pour aller à la montagne.
– Ah oui ?! On pourrait aller faire du ski ! Ça te dit ?
– Bonne idée !
– Allez, je nous inscris.
2. – Je ne trouve pas mes lunettes...
– Regarde dans ton sac !
– Et je suis en retard pour les cours !
– La prochaine fois, achète-toi une 2e paire de lunettes, au cas où...
3. – Excuse-moi, tu sais comment s'inscrire au cours de danse ?
– Il faut remplir un formulaire en ligne et le donner à Mme Blanchard.
– Et où est son bureau ?
– Au 2e étage.
4. – Bonjour, je voudrais voir le responsable pédagogique.
– Il n'est pas disponible maintenant. Revenez demain matin, à 10 h. Quel est votre nom ?
– Tony Boyer. D'accord, merci, à demain.

Exercice 13, p. 32 PISTE 45

1. – C'est fait, j'ai réservé notre avion pour aller à Nantes.
– On part à quelle heure ?
– 17 heures.
– Et on arrive à Nantes à quelle heure ?
– Une heure après.
2. – Thibault, est-ce que tu as fait tes devoirs ?
– Je n'ai pas tout fait, les maths, c'est difficile pour moi...
– Éteins la télévision, et viens ici.
– Pfff...
– Allez, au travail !
3. – J'ai gagné deux places pour un concert samedi prochain. Ça te dit de venir avec moi ?
– Avec plaisir ! Qui est le chanteur ?
– Mathieu B.
– Génial, je suis fan !
4. – Alors, ta journée s'est bien passée ?
– Super, j'ai commencé un nouveau travail.
– Tu fais quoi ?
– Je vais dans les entreprises pour réparer les téléphones. Je rencontre plein de gens.

Exercice 14, p. 33 PISTE 46

1. – Est-ce que tu as lu ce livre ? Tu as aimé ?
– Ah oui, j'ai adoré !
– Vraiment ?
– Oui mais moi, tu sais, les histoires d'amour, ça me plaît.
2. – Je veux faire un dessert pour le goûter.
– Oui, les enfants seront contents !
– Tu as une idée ?
– Tu peux mettre au four des bananes avec du chocolat dessus. C'est très rapide.
3. – Tiens, j'ai rencontré Tania cet après-midi, à la boulangerie !
– Tania ?! Et alors, comment va-t-elle ?
– Bien, elle a trouvé un bon travail, à Nogent.
– Quelle chance ! C'est bien pour elle.
4. – Oh là là, je ne comprends vraiment rien à ce mode d'emploi.
– Si tu veux, je peux monter l'étagère à ta place.
– Vraiment ?
– Oui, j'ai l'habitude, et j'aime bien.
– Merci beaucoup !

Production orale

Activité 1, p. 100 PISTE 47

1. Quel est votre nom ?
2. Quelle est votre situation familiale ?
3. Comment s'appellent vos enfants ?
4. Quelle est votre nationalité ?
5. Quelle est votre date de naissance ?
6. Quel âge avez-vous ?
7. Avec qui faites-vous du sport ?
8. Où mangez-vous à midi ?
9. Quel est votre plat préféré ?
10. Quelle est votre adresse ?
11. Où habitez-vous ?
12. Qu'est-ce que vous aimez faire le week-end ?
13. Est-ce que vous aimez aller au cinéma ? Pourquoi ?
14. Où allez-vous passer vos prochaines vacances ?
15. Qu'est-ce que vous aimez faire pendant vos congés ?

Activité 5, p. 102 PISTE 48

Je m'appelle Carolina, je suis suisse et j'ai 25 ans. Je vis en France à Grenoble depuis 1 an. Je suis venue en France pour faire mes études. J'habite dans une maison qui se trouve près de la boulangerie. Je vois les montagnes à travers ma fenêtre. C'est super, car j'adore la montagne ! L'été, je fais des randonnées, l'hiver je vais faire du ski tous les week-ends.

Activité 6, p. 102 PISTE 49

1. Vous aimez le football ?
2. J'aime la natation.
3. Avez-vous un téléphone portable ?
4. J'utilise souvent mon téléphone.
5. Le samedi, qu'est-ce que vous faites ?
6. Le samedi, je vais courir avec mon meilleur ami.
7. Le week-end, vous faites quoi ?
8. Le week-end, je fais des courses.
9. Je suis français, et vous ?
10. Je suis de nationalité espagnole.
11. J'habite en France depuis 6 mois.
12. Vous habitez en France depuis 6 mois ?
13. Je déteste manger du fromage.
14. Vous aimez le fromage ?

Épreuve blanche 1

Exercice 1, p. 127 PISTE 50

1. Le salon de l'automobile est heureux de vous accueillir toute la journée, de 10 h à 19 h. Ne manquez pas la présentation de la nouvelle voiture écologique à 15 h.
2. Chers clients, vous rêvez d'une maison bien propre ? Achetez notre nouvelle lessive et gagnez un aspirateur. Pour cela, complétez un formulaire à l'entrée du magasin. Bonne chance !
3. Votre attention s'il vous plaît. Pour un nouveau passeport, retirez un formulaire à l'accueil, puis adressez-vous au bureau n°4. Une photo d'identité est obligatoire. Merci.
4. Chers clients, la ligne de train est fermée cet après-midi à cause des travaux de construction du pont. Merci pour votre compréhension et belle journée !
5. Mesdames et messieurs, le service de radiologie est fermé aujourd'hui, revenez demain. Pour une consultation, dirigez-vous au guichet n°1. Pour un résultat de prise de sang, remplissez la fiche.
6. Chers clients, pour fêter l'été, votre banque ouvre un compte en banque gratuitement à tous les jeunes de 18 ans. Présentez une pièce d'identité et profitez-en !

Exercice 2, p. 128 PISTE 51

1. Le cinéma Le Dandy rouvre lundi prochain après 5 mois de travaux. Rendez-vous à 20 heures pour découvrir ses films et ses nouvelles salles ! Pour fêter sa réouverture, le cinéma offre une place gratuite pour une place achetée.
2. Ne manquez pas les promotions dans votre magasin de vêtements sur les écharpes et les manteaux. Achetez un bonnet, un deuxième vous est offert ! En février, ouverture exceptionnelle les dimanches 10 et 17, de 9 h à 19 h.
3. Vous avez entre 18 et 25 ans ? Avec votre banque Le Crédit, recevez gratuitement un chéquier et la carte bancaire est à moitié prix ! Pour cela, venez avant le 15 juillet dans notre agence, rue du 18 juin.

Exercice 3, p. 129 PISTE 52

Salut, c'est Luc ! Je t'appelle avant mon départ en vacances, demain. Pendant mon absence, peux-tu rappeler M. Furet pour sa commande d'ordinateur ? Il doit nous dire combien il en veut. Son numéro est dans le dossier jaune, sur mon bureau. Mme Anty va aussi t'écrire : elle a besoin d'aide pour la préparation du dîner de fin d'année. Je rentre le 30. Bon courage avec la neige ce week-end ! Moi, je vais au soleil ! À bientôt !

Exercice 4, p. 130 PISTE 53

1. – Je dois prendre le bus 15, tu sais où est l'arrêt ?
– Oui, je crois.
– Et j'y vais comment ?
– Tu traverses la place et tu prends la première rue à droite.
2. – Qu'est-ce que tu veux faire samedi ?
– Je ne sais pas... Faire du vélo dans la forêt ?
– Je crois qu'il va pleuvoir le matin.
– Bon, alors, on va au cinéma ?
– D'accord !
3. – Tu sais où est Jules ?
– Il est dans sa chambre. Mais il ne faut pas entrer.
– Quoi ?
– N'y va pas : il te prépare une surprise.
– Ah !
4. – Alors ton week-end, Hélène, c'était sympa ?
– Ah oui, super ! Et encore merci d'avoir gardé mon chien.
– Pas de quoi, ça ne m'a pas dérangé.
– C'était très gentil de ta part !

Épreuve blanche 2

Exercice 1, p. 139 PISTE 54

1. Bienvenue à la bibliothèque ! Vous pouvez prendre 8 livres et 3 films pendant 4 semaines. Pour cela, complétez un formulaire d'inscription. C'est gratuit !
2. Chers clients, pour profiter du beau week-end, pensez à acheter nos chapeaux et lunettes de soleil ! Rendez-vous au 1er étage. À tout de suite !
3. Attention, votre salle informatique ferme ses portes dans 30 minutes. N'oubliez pas de télécharger votre travail. Pour une feuille de papier imprimée, payez 50 centimes à l'employé.
4. Chers passagers, pendant le vol à destination de Marseille, vous allez recevoir un sandwich et une boisson. Pour les enfants, nous avons des jeux. Bon voyage !
5. Votre attention s'il vous plaît. Une personne a oublié son sac de sport rouge, près de la bijouterie. Elle peut le retrouver à l'accueil du centre commercial. Merci.
6. Chers clients, aujourd'hui, pour son anniversaire, votre garage vous offre un plein d'essence ! Pour cela, répondez à 3 questions sur notre site internet !

Exercice 2, p. 140 PISTE 55

1. Les vacances d'été arrivent, votre pharmacie Pasteur vous conseille : à la plage, mettez de la crème toutes les heures et ne vous baignez pas juste après avoir mangé. En cas de piqûre d'insecte, rendez-vous dans notre pharmacie, ouverte tous les jours.
2. Vous cherchez un emploi ? Rendez-vous au salon des étudiants, samedi de 9 h à 18 h. Des agents de la mairie vous donnent les meilleures petites annonces et vous aident à écrire votre CV. Porte de Versailles, métro ligne 12.
3. L'exposition sur l'acteur français Pierre Gabin commence samedi 1er mai, au musée Anthony. Vous avez aimé ses nombreux films ? Vous vous souvenez de sa célèbre moustache ? Venez avant le 31 mai. L'entrée est à 8 euros.

Exercice 3, p. 141 PISTE 56

Bonjour, je suis Mme Thomas. Il y a une semaine, j'ai acheté une machine à laver dans votre magasin. Hier, le livreur est venu mais il ne m'a pas donné le mode d'emploi de la machine. Que dois-je faire ? J'aimerais aussi commander une chaise bébé. Vendez-vous la marque Amefa ? Je voudrais une chaise haute en bois, pas en plastique. J'attends votre appel au 06 43 19 00 91. Merci.

Exercice 4, p. 142 PISTE 57

1. – Corinne, j'ai acheté 2 billets pour le match de basket.
– Super ! Attends... C'est quand ?
– C'est samedi prochain, à 16 heures. Tu peux venir ?
– Malheureusement, je ne peux pas. Je dois aller chez le dentiste.
2. – J'ai acheté ce livre. Tu l'as lu, je crois ?
– Oui, oui, et j'ai beaucoup aimé.
– Je ne connais pas l'auteur.
– C'est son premier livre mais vraiment, il est très bien.
3. – Mardi, j'ai rendez-vous rue des Binelles. Tu connais ?
– Oui, j'y suis allé la semaine dernière.
– Il y a un parking dans la rue ?
– Vas-y en bus, c'est un peu compliqué en voiture.
– D'accord.
4. – Désolé du retard, mais on m'a volé la voiture !
– Ça alors !? Ce n'est pas possible !
– Si ! J'ai porté plainte mais je ne sais pas si la police va la retrouver...
– Oh non...

CORRIGÉS

Compréhension de l'oral

Activité 1, p. 12
A. Doc n°4
B. Doc n°2
C. Doc n°3
D. Doc n°1

Activité 2, p. 12
Instruction : Message 2, Message 5
Annonce : Message 1, Message 3, Message 4

Activité 3, p. 12
Annonce 1 : N° du train : 6291 ; Destination : Bruxelles ; Voie de départ ou d'arrivée : 5 ; Heure de départ ou d'arrivée : 9 h 10.
Annonce 2 : N° du train : 7829 ; Destination : Marseille ; Voie de départ ou d'arrivée : 7 ; Heure de départ ou d'arrivée : 12 h 07.
Annonce 3 : N° du train : 5957 ; Destination : Clermont-Ferrand ; Voie de départ ou d'arrivée : A ; Heure de départ ou d'arrivée : 17 h.
Annonce 4 : N° du train : 2936 ; Destination : Cambrai ; Voie de départ ou d'arrivée : 8 ; Heure de départ ou d'arrivée : 10 h 45.

Activité 4, p. 12
La voie B se trouve au 1er étage / à l'étage.

Activité 5, p. 13
☑ Régler mes achats au 1er étage.

Activité 6, p. 13
1. Ouverture exceptionnelle à partir de 20 h → Faux
2. Compétition régionale mercredi soir → Vrai

Activité 7, p. 13
☑ d

Activité 8, p. 14
Message 1 → c
Message 2 → d
Message 3 → a
Message 4 → b

Activité 9, p. 15
Extrait 1 → Publicité
Extrait 2 → Reportage
Extrait 3 → Bulletin d'information
Extrait 4 → Jeu
Extrait 5 → Interview

Activité 10, p. 15
Thème : Technologie
Quel public ? Des jeunes entrepreneurs

Activité 11, p. 15
Pour gagner 1 000 euros, envoyer un texto au 3820 avant 14 heures.

Activité 12, p. 15
Extrait 1 : 0 (degré) – 1995 (l'année) – 5 450 (personnes)
Extrait 2 : 29 (km) – A10 (autoroute) – 196 (km)

Activité 13, p. 16
Changement de programme demain soir.

Activité 14, p. 16
[1] Les personnes sont libérées.
[2] Les avocats vont sortir.
[3] Le journaliste est devant le Palais de justice.
[4] Il y a beaucoup de monde.
[5] Il fait froid.

Activité 15, p. 16
Extrait n° 1 : À l'extérieur
Extrait n° 2 : Au téléphone

Activité 16, p. 16
Extrait 1 → Une compétition sportive dans un stade
Extrait 2 → Un concert dans une salle
Extrait 3 → Un embouteillage dans une ville

Activité 17, p. 17
Message 2 : Destiné à M. Férand / homme ; mots-clés : chez le directeur / plus brefs délais.
Message 3 : Destiné à Mme Chapry / femme ; mots-clés : résultats / analyses.
Message 4 : Destiné à l'assuré ; mots-clés : ticket.

Activité 18, p. 17
1. b
2. 10 h 00

Activité 19, p. 17
Message 1 : Anniversaire
Message 2 : Invitation
Message 3 : Réussite à un examen
Message 4 : Naissance

Activité 20, p. 18
La station de métro est République : Vrai
Le code de la porte est T 452 : Faux

Activité 21, p. 18
Doc 1 → Relation professionnelle
Doc 2 → Relation familiale
Doc 3 → Relation administrative
Doc 4 → Relation commerciale

Activité 22, p. 18
☑ Le fils de Mme Deval

Activité 23, p. 18

Doc 2 : Déçu
Doc 3 : Étonnée
Doc 4 : Fatigué
Doc 5 : Contente

Activité 24, p. 18

Les mots à entourer sont : la colère / fâché / furieux.

Activité 25, p. 19

Dialogue 1 : cinéma – donner rendez-vous – palace
Dialogue 2 : fête – envoyer – photos
Dialogue 3 : partir – Amérique du Sud – voyage
Dialogue 4 : téléphone – prêter – appel

Activité 26, p. 19

Les mots qui conviennent le mieux sont :
ANNULATION et DÉCEPTION.

Activité 27, p. 19

☑ Un professeur d'université

Activité 28, p. 19

Doc 1 : ☹
Doc 2 : ☺
Doc 3 : ☹
Doc 4 : ☺

Activité 29, p. 20

Naissance → Dialogue 4
Examen → Dialogue 3
Mariage → Dialogue 1
Anniversaire → Dialogue 2

Activité 30, p. 20

☑ Partir avec ses copains.

Activité 31, p. 20

Extrait 1 → Une étudiante, une secrétaire
Extrait 2 → Un enfant, un père
Extrait 3 → Un médecin, une patiente
Extrait 4 → Un vendeur, une cliente
Extrait 5 → Une policière, un conducteur

Activité 32, p. 20

Lucile est la mère de Romain. → Vrai
La maman de Lucile a une réunion importante. → Faux
La crèche est fermée demain. → Vrai
Lucile sera au bureau à 13 h 30. → Faux

Exercice 2, p. 22

Doc 1 : **b**
Doc 2 : **c.** Le lundi et le dimanche de 6 heures à 22 heures.
Doc 3 : **b.** Des soldes dans tous les rayons.
Doc 4 : **a**
Doc 5 : **a.** Il faut la déplacer.
Doc 6 : **c**

Exercice 3, p. 23

Doc 1 : **a.** Une guide.
Doc 2 : **b**
Doc 3 : **b.** Écrivain.
Doc 4 : **c**
Doc 5 : **b.** Demain.
Doc 6 : **a**

Exercice 5, p. 26

1. **a**
2. **b.** Répondre à une question.
3. **c.** La littérature.
4. **a.** Acheter un billet.
5. **c.** C'est le début des vacances.
6. **b**

Exercice 6, p. 27

1. **c**
2. **b.** À l'entrée du festival.
3. **a.** Parce que ce sont les soldes.
4. **a.** Des fleurs.
5. **b.** L'orthographe.
6. **a**

Exercice 8, p. 29

1. **a.** Annulation d'un vol.
2. **c.** L'agence de voyages.
3. **c**
4. **a.** Vol 541.
5. **a**
6. **b.** Ils veulent découvrir Varsovie.

Exercice 9, p. 30

1. **b.** Nathalie.
2. **a.** À 12 heures.
3. **b.** Dans une salle de réunion.
4. **c.** Des invitations.
5. **a**
6. **c**

Exercice 11, p. 32

1. Dialogue 1 : **E**- Exprimer un souhait
2. Dialogue 2 : **F**- Demander les jours d'ouverture
3. Dialogue 3 : **A**- Décrire un objet
4. Dialogue 4 : **C**- Rappeler quelque chose

Exercice 12, p. 32

1. Dialogue 1 : **B**- Faire une proposition
2. Dialogue 2 : **F**- Dire à quelqu'un de faire quelque chose
3. Dialogue 3 : **A**- Demander un renseignement
4. Dialogue 4 : **C**- Fixer un rendez-vous

Exercice 13, p. 32

1. Dialogue 1 : **C**- S'informer sur des horaires
2. Dialogue 2 : **A**- Donner un ordre
3. Dialogue 3 : **B**- Accepter une invitation
4. Dialogue 4 : **E**- Parler de sa profession

Exercice 14, p. 33

1. Dialogue 1 : **D**- Exprimer un goût
2. Dialogue 2 : **C**- Donner une recette
3. Dialogue 3 : **F**- Prendre des nouvelles
4. Dialogue 4 : **A**- Proposer de l'aide

Compréhension des écrits

Activité 1, p. 40

1. 13 h 00
2. 13 h 45
3. France 2
4. 13 h 00
5. L'après-midi.

Activité 2, p. 41

Danse : 06 18 73 32 06 / À partir de 8 ans / 300 € par an
Boxe : 07 42 43 94 48 / De 5 à 77 ans / 75 € par trimestre
Karaté : 06 85 98 66 25 / De 4 à 77 ans / 15 € par mois
Gymnastique : 06 67 11 31 77 / À partir de 50 ans / 450 € par an
Natation : 07 09 53 73 75 / À partir de 6 mois / 120 € par an
Football : 07 00 39 54 74 / De 6 à 45 ans / 230 € par an

Activité 3, p. 42

Doc A : Exposition de photos / Cathédrale à Lille
Doc B : Exposition d'aquarelles / Musée de la mairie à Roubaix
Doc C : Exposition / Espace Culture, Campus Cité Scientifique à Villeneuve d'Ascq
Doc D : Visite + concert / Opéra à Paris

Activité 4, p. 43

1. Vercors nature
2. Vercors nordique
3. Vercors nature

Activité 5, p. 44

De Gaulle : mots-clés « guerre », « armée », « histoire » ; type d'activité : cinéma, date de l'activité : 2 septembre
Musée du parfum : mots-clés « secrets », « parfumerie », « collection » ; type d'activité : visite, date de l'activité : 8 septembre
Effacer l'historique : mots-clés « réseaux sociaux », « Internet », « se battre » ; type d'activité : cinéma, date de l'activité : 1er septembre
Parcours gourmand : mots-clés « marché », « rencontrer », « ambiance conviviale » ; type d'activité : visite, date de l'activité : 8 septembre

Activité 6, p. 45

1. Document B
2. Document C
3. Document A
4. Document D

Activité 7, p. 47

1. Carte postale
2. Lettre administrative
3. Lettre formelle (lettre de motivation)
4. Lettre personnelle
5. Lettre formelle
6. Lettre professionnelle
7. Courriel personnel
8. Carte postale
9. Lettre administrative
10. Courriel formel

Activité 8, p. 47

1. Document C
2. Document A
3. Document D
4. Document B

Activité 9, p. 49

Lettre A : Destinataire → Maire de Nantes ; Expéditeur → M. Pierre Marchal ; Objet : Demande de salle ; Date → 12 mars 2022 ; Signature → Pierre Marchal, président de l'association ; Formules de politesse : « … nous vous prions d'agréer, Monsieur le Maire, l'expression de nos respectueuses salutations. »
Lettre B : Destinataire → Crèche « Les petits poussins » ; Expéditeur → M. et Mme Marchal ; Objet : Inscription en crèche ; Date → 1er juin 2022 ; Signature → Émilie et Pierre Marchal ; Formules de politesse : « … Nous vous prions d'agréer, Madame la directrice, l'expression de notre considération distinguée. »

Activité 10, p. 50

1. B
2. G
3. I
4. F
5. J
6. L
7. C
8. K
9. D
10. E
11. H
12. A

Activité 11, p. 51

1. Un mode d'emploi.
2. À chercher un nom.
3. D'un téléphone.

Activité 12, p. 51

1. Un mode d'emploi.
2. À faire un café.
3. D'une cafetière.

Activité 13, p. 52

1. Interdiction
2. Obligation
3. Obligation
4. Interdiction
5. Obligation
6. Interdiction
7. Interdiction
8. Interdiction
9. Obligation
10. Obligation

Activité 14, p. 52
1. Aux enseignants.
2. Jeter des papiers n'importe où.
3. Dans un bac spécial.
4. Éteindre la lumière.

Activité 15, p. 53
1. 200 g.
2. À la fin.

Activité 16, p. 53
1. salée.
2. 8
3. Dans l'ordre où il faut les faire.
4. Un verbe.

Activité 17, p. 54
Ordre : E / B / D / G / H / A / J / K / I / F / C

Activité 18, p. 54
1. À expliquer une procédure.
2. 5
3. Un verbe.
4. L'impératif.

Activité 19, p. 55
1. des informations.
2. Le 14 juin.
3. Tout le monde.
4. Des auteurs.

Activité 20, p. 56
1. Le bord de mer.
2. 23 %.
3. La Normandie.
4. La voiture.

Activité 21, p. 57
1. De plusieurs couleurs.
2. dans plusieurs régions françaises.
3. Il protège notre corps.
4. Plusieurs vitamines.
5. En été.

Exercice 2, p. 60
Document 1 : H
Document 2 : C
Document 3 : F
Document 4 : B
Document 5 : A
Document 6 : D

Exercice 3, p. 61
Document 1 : H
Document 2 : B
Document 3 : G
Document 4 : D
Document 5 : E
Document 6 : C

Exercice 5, p. 64
1. b. Au Canada.
2. b. Chez des amis.
3. b
4. b. L'après-midi.
5. a. Les musées.
6. a

Exercice 6, p. 65
1. a. L'expéditeur.
2. c
3. a. Trouver du travail.
4. c
5. b. L'autonomie
6. b. Une rencontre.

Exercice 8, p. 69
1. c. L'heure de la livraison
2. b. Le livreur.
3. c. Dans votre ordinateur
4. b. Un ordinateur.
5. c. Rencontrer quelqu'un.
6. b. Des légumes.

Exercice 9, p. 70
1. b. Une carte.
2. a. Le nombre de copies.
3. b. Signer un document.
4. a. Téléphoner.
5. a. Se laver les mains.
6. a. Avec des billets.

Exercice 11, p. 72
1. c. Fin septembre.
2. b. Faux.
3. b. Réserver.
4. b. Faux.
5. c. À tout le monde.
6. a. Deux jours.

Exercice 12, p. 73
1. a. Pour rester en forme.
2. a. Vrai.
3. c. À la gymnastique
4. a. Vrai.
5. b. Les muscles
6. a. Elle se fait en musique.

Production écrite

Activité 1, p. 80

1. Les mots importants sont : décrire, fête, pays.
De quoi je vais parler ? La date de la fête, le déroulement et les différentes activités.
À qui ce texte est destiné ? Aux internautes, aux voyageurs.
Pourquoi j'écris ? Pour faire partager votre avis.
Quelle forme doit avoir ma production ? C'est un texte sur un site. Forme journalistique / un article.
2. Quelle est la longueur de mon texte ? 60 mots minimum.
Quel registre de langue est adapté ? Amical / familier.
Quel vocabulaire je dois utiliser ? Description physique.
Quels temps je peux employer ? Présent / futur proche.
Les mots-clés sont : nouveau directeur, apparence, caractère, impressions.

Activité 2, p. 81

☑ B

Activité 3, p. 81

Raconter un événement passé : « j'étais au dernier concert », « il a chanté pendant 2 heures ».
Donner ses impressions : « C'était génial », « il faisait très chaud », « c'était magnifique ».
Écrire à un ami : « Salut », « comment vas-tu », « je t'embrasse ».

Activité 4, p. 81

1. Description : « je me suis baigné(e) », « il y avait trois chambres », « la voiture est tombée en panne », « il a neigé la nuit », « le château était fermé », « j'ai raté l'avion », « les feuilles des arbres étaient jaunes et rouges ».
Impressions : « C'était super », « j'ai adoré », « j'ai eu trop froid »
2. c'était super → ☺
je me suis baigné(e) → ☺
j'ai adoré → ☺
il y avait trois chambres → ☺
la voiture est tombée en panne → ☹
il a neigé la nuit → ☺
le château était fermé → ☹
j'ai raté l'avion → ☹
j'ai eu trop froid → ☹
les feuilles des arbres étaient jaunes et rouges → ☺

Activité 5, p. 82

❶ j'ai passé / ❷ formidables / ❸ D'abord / ❹ parce que / ❺ génial

Activité 6, p. 82

Doc n° 1 : un pays chaud, une piscine, la mer bleue, une belle vue.
Doc n° 2 : un paysage de montagne, une pente et des montagnes au loin, une personne qui va s'envoler, voler au-dessus des montagnes.

Activité 7, p. 83

Ordre du récit : 2 / 7 / 4 / 5 / 8 / 3

Activité 8, p. 83

2. 31 mots

Activité 9, p. 84

1. C
2. Je suis désolé(e) mais je ne pourrai pas… / Malheureusement je serai absent(e)… / Merci pour ton invitation…

Activité 10, p. 85

Remercier : « Un grand merci », « C'est gentil »
Féliciter : « Bravo », « Toutes mes félicitations »
Accepter : « Avec plaisir », « Je serai ravi(e) »
Refuser : « Désolé(e) », « Malheureusement »
Proposer : « Pouvez-vous », « C'est à 12 h 30 »

Activité 11, p. 85

A. 1 – 4 / **B.** 3 – 6 / **C.** 5 – 8 / **D.** 7 – 2

Activité 12, p. 85

❶ Chers amis / ❷ avec joie / ❸ votre mariage / ❹ remercie / ❺ votre invitation / ❻ Pouvez-vous / ❼ félicite / ❽ À bientôt

Activité 13, p. 85

1. Nous serons trois à venir en voiture. → Donner
Le rendez-vous est à 14 h dimanche. → Donner
Pouvez-vous m'envoyer le numéro de téléphone ? → Demander
Est-il possible d'arriver plus tôt ? → Demander
Les cours commencent en septembre. → Donner
Je voudrais savoir si le bureau est ouvert. → Demander
2. Liste A : Pouvez-vous me dire où… / Combien de personnes y aura-t-il ? Combien serons-nous ? / Quel plat faut-il apporter ? Que faut-il apporter ?
Liste B : Voici mon adresse … / La fête aura lieu le … / Les horaires sont du mardi au … de 9 h à …

Activité 14, p. 86

1. Refuser : 1. Pas question… 2. Une autre fois, peut-être… 3. Impossible pour moi de venir… 4. Non, je suis désolé(e) mais… 5. Je ne pourrai malheureusement pas venir…
S'excuser : 1. Mille excuses… 2. Désolé(e)… 3. Je te demande pardon… 4. Excusez-moi… 5. Je vous prie de bien vouloir m'excuser.
2. Salut,
Mille fois merci pour ton invitation. Je suis complètement d'accord pour fêter la fin des exams. Dis-moi à quelle heure on se retrouve chez toi. N'oublie pas de me redonner le code d'entrée, je ne l'ai pas noté. Si j'achète des jus de fruits et des biscuits, c'est bon pour toi ?
Merci encore pour cette super idée.
À samedi !
Danny

Exercice 2, p. 88

1. Proposition de production :

Salut Fabien,
Je t'avais dit que j'allais pratiquer un nouveau sport. Eh bien, ça y est ! J'ai commencé le ping-pong. Je suis inscrit dans une salle à côté de chez moi. J'ai eu ma première leçon hier soir. C'est une fois par semaine, le mardi de 20 h à 22 h 30. On est 4 plus le prof. C'est super mais je suis crevé, ça va très vite, il faut être concentré. Heureusement que c'est tout près de chez moi ! Le prof est sympa et mes partenaires aussi. J'ai hâte d'être à mardi prochain.
À plus !

= 95 mots

▶ Les mots de la consigne à retenir pour construire votre récit sont : « nouveau sport », « première séance », « raconter », « pourquoi » ; « aimez ».
▶ Vous racontez votre récit au passé : passé composé, imparfait.
▶ Vous adaptez votre registre de langue : « un mail », « à un ami ».
▶ Le format est celui d'un mail. Ce n'est pas une lettre. La date et l'adresse sont déjà indiquées.
▶ Raconter : Quand ? Où ? Avec qui ?
▶ Dire des impressions positives : interjection (!!!), adjectifs (génial – formidable – super), verbes (adorer – apprécier – aimer).

2. Proposition de production

Gabriel XXX

Paris, le 10 mai 2021

Bonjour Madame,

Vous nous aviez parlé d'un groupe qui faisait un concert dans notre ville. J'ai assisté au concert avec des amis et je voulais vous faire part de mes impressions. Je n'ai malheureusement pas aimé. La salle n'était pas bien sonorisée. On avait beaucoup de mal à entendre quand on était loin de la scène. De plus, le public sifflait et des personnes sont parties au milieu du concert. Je vais écouter leur disque et espère apprécier davantage.
Je vous prie, Madame, d'agréer l'expression de ma considération distinguée.

Gabriel   = 97 mots

▶ Les mots de la consigne à retenir pour construire votre récit : concert – des amis – lettre – professeur – pas aimé
Vous racontez votre récit au passé : passé composé, imparfait
▶ Vous adaptez votre registre de langue : destinataire = professeur → une lettre.

Exercice 3, p. 90

Proposition de production :

À : bde@coursintensifs.fr
Objet : enquête

Chers lecteurs,
L'année dernière, j'ai eu la chance de gagner un séjour à La Rochelle, petite ville du Sud-Ouest au bord de l'océan. C'est un port. J'ai vu des voiliers et des bateaux de pêche. Il a fait beau tout le temps. Le centre est ancien avec des vieilles maisons. Les rues sont étroites. Je suis resté 10 jours. Nous avons visité une île. J'ai adoré le port mais je n'ai pas aimé l'odeur de poisson. J'aimerais bien retourner dans cette ville.

= 83 mots

Exercice 5 p. 92

Proposition de production :

À : cyrilL@miammiam.fr
Objet : atelier pâtisserie

Bonjour,
J'ai vu votre annonce. Je suis intéressé(e) par vos cours. J'aimerais apprendre à faire des bons gâteaux. Pouvez-vous me dire exactement combien de temps dure l'atelier ? J'aimerais connaître aussi les tarifs. Est-ce que les cours sont tous les samedis ? Je voudrais savoir si on doit apporter un tablier et si on peut rapporter des produits à la maison ?
J'espère qu'il y a encore des places.
Voici mon numéro de téléphone : 07 81 34 50 91, je vous donne aussi mon fixe : 04 52 75 10 32
Un(e) gourmand(e)

= 93 mots

▶ Vous ne connaissez pas la personne. Vous devez utiliser les formes de salutation adaptées. Pourquoi écrivez-vous ce mail ?
Dire l'intérêt *(aimer – vouloir apprendre – être intéressé(e) par)
* Montrer son intérêt pour obtenir une place (places limitées)
Demander les horaires (combien de temps – la durée – le nombre d'heures – le temps)
Demander les tarifs (combien ça coûte – le prix d'une séance – tarif réduit – possibilité de forfait)
Être contacté(e) par téléphone* (numéro fixe – numéro portable ou mobile)
* Présenter son numéro en marquant bien les espaces tous les deux nombres (ex : 01 67 34 78 21).

Exercice 6, p. 93

Proposition de production :

le 20 avril 2022,

Chers amis,
Je vous adresse toutes mes félicitations. Je suis très heureuse pour vous et je vous remercie de votre invitation. Malheureusement, je ne pourrai pas avoir la joie d'être avec vous le 30 mai. Je dois remplacer un collègue pendant tout le dernier week-end de mai. Je suis vraiment désolée mais j'espère que vous pourrez venir me rendre visite après votre mariage. Vous serez les bienvenus et vous pourrez profiter de la plage et du beau soleil de mon pays.
Je vous embrasse bien amicalement.
Xeni

= 83 mots

Production orale

Activité 1, p. 100
a. 8 ; b. 10 et 11 ; c. 12 ; d. 13 ; e. 15 ; f. 14 ; g. 4 ; h. 3 ; i. 6 ; j. 7 ; k. 9 ; l. 1 ; m. 5 ; n. 2.

Activité 2, p. 100
Propositions
Famille Montoya
Voici la famille Montoya. Je vous présente les deux filles, qui s'appellent Elsa et Bianca. Elles sont espagnoles. Elsa a 17 ans et Bianca a 19 ans. Elles vivent dans une grande maison avec leurs parents. Elles adorent faire la cuisine ensemble. Sur la photo, on les voit en train de préparer le dîner.
Famille Perez
Je vous présente la famille Perez. Il y a les parents Gustavo et Eliane et leurs trois enfants. Ils sont au cinéma en train de regarder un film. Ils aiment beaucoup aller au cinéma en famille.
Famille Durant
Voici la famille Durant. Il y a le père, la mère et leurs trois enfants. Ils sont à la campagne pour faire du vélo. Ils font du vélo ensemble tous les samedis. Ils adorent faire du vélo en famille.
Famille Amour
Je vais vous parler de la famille Amour. Il y a le père qui s'appelle Clément et ses deux enfants, Augustine et Jonathan. Les parents sont divorcés. Les enfants vivent avec leur papa. Ici, ils sont dans le salon. Le père et ses enfants adorent jouer aux jeux vidéo.

Activité 3, p. 101
a. → 6 ; b. → 3 ; c. → 8 ; d. → 4 ; e. → 10 ; f. → 2 ; g. → 7 ; h. → 9 ; i. → 5 et 1.

Activité 4, p. 102
Je m'appelle Farid BOUDJEMA. Farid, **c'est** mon prénom et Boudjema, c'est mon nom. Boudjema, ça s'écrit B.O.U.D.J.E.M.A. Je suis algérien, **mais** j'habite en France. J'habite à Sèvres, c'est près de Paris. J'ai 31 ans, je suis professeur d'arabe **dans** un lycée français. J'apprends le français **depuis** 5 ans. Je parle 4 langues : arabe, espagnol, anglais et français. J'apprends le français **parce que** je veux devenir traducteur.
Je vis avec ma copine **dans** un appartement. Elle s'appelle Marion et elle est française. Elle est infirmière. Je fais **beaucoup** de sport : du football avec mes amis **et** du tennis avec ma copine. J'adore le cinéma. Avec ma copine, nous allons voir des films deux fois par semaine. Nous aimons beaucoup aller dîner au restaurant **aussi**. Nous allons passer nos prochaines vacances en Espagne **car** mes parents habitent là-bas.

Activité 5, p. 102
Je m'appelle Carolina, je suis suisse et j'ai 25 ans. Je vis en France à Grenoble depuis 1 an. Je suis venue en France pour faire mes études. J'habite dans une maison qui se trouve près de la boulangerie. Je vois les montagnes à travers ma fenêtre. C'est super ! Car j'adore la montagne ! L'été je fais des randonnées, l'hiver je vais faire du ski tous les week-ends.

Activité 6, p. 102
Phrase 1 : Question / Phrase 2 : Affirmation / Phrase 3 : Question / Phrase 4 : Affirmation / Phrase 5 : Question / Phrase 6 : Affirmation / Phrase 7 : Question / Phrase 8 : Affirmation / Phrase 9 : Question / Phrase 10 : Affirmation / Phrase 11 : Affirmation / Phrase 12 : Question / Phrase 13 : Affirmation / Phrase 14 : Question

Activité 7, p. 103
1. → B / 2. → H / 3. → F / 4. → G / 5. → I / 6. → D / 7. → A ou C / 8. → A ou J / 9. → E / 10. → C ou J.

Activité 8, p. 104
GOÛTS → aimer, lecture, danser, musique classique, sports
TRAVAIL → métier, chef, horaires de travail, cantine, collègue
JOURNÉE → réveil, s'habiller, petit déjeuner, rentrer, repas
PROJET → activités prévues, devenir, avenir, je voudrais, futur, l'année prochaine
VILLE → habitant, mairie, achats, commerces, gare
FILM → héros, histoire, cinéma, titre, personnages
FAMILLE → grande famille, enfants, parents, fêtes de famille, frères
MAGASIN → faire des courses, horaires d'ouverture, jours d'ouverture, grand magasin, achats
RECETTE → cuisson, salé, temps de préparation, ustensile, ingrédients
VOYAGE → température, crème solaire, touristique, valise, pays

Activité 9, p. 104
Propositions
Parler de son travail
Doc A → Je vois des collègues de travail. Ils sont en train de discuter d'un projet en regardant un écran d'ordinateur. Ils sont dans un bureau.
Doc B → C'est une femme qui s'est habillée pour faire du jardinage. Elle porte un chapeau et un tablier. Elle est dans son jardin.
Parler de ses loisirs
Doc C → Je vois un père et son enfant. Ils sont en train de pêcher au bord d'un lac. Ils sont près d'une forêt.
Doc D → C'est un père et son enfant. Ils sont en train de jouer dans une piscine. Le père tient son enfant dans ses bras.
Parler de son logement
Doc E → C'est un couple : un homme et sa femme. Ils sont en train d'écouter un ouvrier leur parler de leur future maison. Ils se trouvent sur le chantier de leur maison.
Doc F → Je vois une famille. Il y a le père, la mère et leurs deux enfants. Ils ouvrent la porte de leur maison.

Activité 10, p. 105

Propositions
Passer des vacances à la mer : Je vois un couple et leur fille qui sont en train de se baigner dans la mer. J'aime me baigner parce que c'est amusant / j'adore nager / c'est rafraîchissant… Je n'aime pas me baigner car je n'aime pas l'eau / j'ai peur / je n'aime pas me mettre en maillot de bain…
Passer des vacances à la montagne : C'est un homme et une femme (un couple, des amis ?) qui se préparent à faire du ski à la montagne. J'aime faire du ski, car j'adore les sensations fortes / j'aime la vitesse / j'aime la neige. Je n'aime pas le ski, car j'ai peur / je n'aime pas le froid / je ne sais pas en faire.
Manger du fromage : C'est un plateau de fromages avec du chèvre, du camembert…
J'aime manger du fromage parce que c'est bon. / Je n'aime pas le fromage parce que ça ne sent pas très bon.
Manger au bureau : On voit des personnes (des collègues de travail) en train de manger une pizza dans une salle de réunion.
J'aime manger au bureau car ça permet de gagner du temps / je peux passer du temps avec mes collègues. / Je n'aime pas manger au bureau car j'ai besoin de sortir pendant ma pause déjeuner / car ce n'est pas pratique.
Marcher sous la pluie : On voit un couple sous un manteau parce qu'il pleut.
J'aime marcher sous la pluie car j'adore sentir les gouttes sur mon visage. / Je n'aime pas marcher sous la pluie car je déteste être mouillé(e).
Faire du sport : On voit cinq femmes en train de faire du sport (de la gymnastique) dans une salle de sport. J'aime faire du sport, car cela me permet d'être en forme. / Je n'aime pas faire du sport car c'est trop fatiguant.
Aller dans un zoo : On voit une mère et son fils dans un zoo. Ils sont en train de regarder un animal qui est dans une cage. J'aime aller dans les zoos car j'adore les animaux. / Je n'aime pas aller dans les zoos car je déteste voir les animaux enfermés.
Travailler quand il fait chaud : C'est un homme qui est en train de travailler sur un chantier. Il fait très chaud. J'aime travailler quand il fait chaud car j'adore la chaleur. / Je n'aime pas travailler quand il fait chaud car je n'arrive pas à me concentrer.

Activité 11, p. 106

Sujet 1 : Travailler à l'étranger
Dans votre introduction, présentez le sujet : travailler à l'étranger, pour ou contre ?
Répondez à la question « Aimeriez-vous travailler à l'étranger ? »
Expliquez pourquoi. Voici quelques idées :
Arguments pour : c'est intéressant / c'est enrichissant / je peux apprendre une langue étrangère / je peux enrichir mes expériences…
Arguments contre : cela me fait peur / je ne parle pas anglais…
Terminez en résumant ce que vous avez dit.

Sujet 2 : Lieu de travail
Dans votre introduction, présentez le sujet : je vais vous présenter mon lieu de travail.
Répondez aux questions du sujet : où, comment, à quelle heure ?
Décrivez les avantages et les inconvénients de votre lieu de travail. Voici quelques idées :
Avantages : à coté des transports en commun / c'est convivial / il y a de l'espace / c'est très lumineux…
Inconvénients : c'est bruyant / c'est sombre / il n'y a pas de cafétéria / les toilettes ne sont pas propres…
Terminez en résumant ce que vous avez dit.

Sujet 3 : Les ordinateurs
Dans votre introduction, présentez le sujet : je vais vous parler de mon ordinateur et de l'utilisation que j'en fais.
Répondez aux questions du sujet : Avez-vous un ordinateur ? Au travail ? À la maison ? Quand l'utilisez-vous ? Pourquoi ?
Répondez à la question « Que pensez-vous de cet appareil ? »
Expliquez pourquoi. Voici quelques idées :
Arguments pour : c'est pratique / c'est utile / c'est indispensable…
Arguments contre : cela me fait peur / c'est compliqué / c'est difficile …
Terminez en résumant ce que vous avez dit.

Activité 12, p. 107

1. J'ai commencé à apprendre le français **quand** j'avais 6 ans dans mon école au Mexique. C'est la première langue que j'ai étudiée. Deux ans **après**, j'ai commencé à apprendre l'anglais. **À l'époque**, je n'étais pas très à l'aise. Mais **quand** j'ai eu 10 ans, je suis parti en France pour un séjour **pendant** lequel j'ai pu utiliser mes connaissances. **Depuis**, je continue à prendre des cours deux fois par **semaine** à l'Alliance française. **Il y a 2** mois, je suis venu à Lille pour faire un stage intensif et j'ai fait beaucoup de progrès. Je suivais des cours **tous les matins** et l'après-midi, je visitais la région. **Dans 1 an**, je pourrai peut-être venir faire mes études en France. Je voudrais devenir traducteur.

2. La lecture est un de mes loisirs préférés **parce que** cela me procure beaucoup de sentiments différents. Je lis le plus souvent possible **et** j'échange beaucoup de livres avec mes amis. **Ainsi** nous pouvons partager nos impressions. Nous aimons beaucoup lire des romans français **comme** *Un Sac de billes*. Le dernier livre que j'ai lu, c'était le roman de Victor Hugo *Les Misérables* **car** je n'avais jamais lu cet auteur. C'est une belle histoire **mais** c'est un peu triste. Ce soir, je commence un nouveau livre plus drôle **car** j'ai envie de me détendre. Il s'agit de *Au Bonheur des ogres* de Daniel Pennac.

Activité 13, p. 108

1. Doc 1 : La scène se passe chez le médecin. La relation est professionnelle (médecin/patient).
Doc 2 : La scène se passe dehors. La relation est amicale.

Doc 3 : La scène se passe à l'hôpital. La relation est professionnelle (médecin/patiente).
Doc 4 : La scène se passe probablement dans un bureau. La relation est professionnelle.
Doc 5 : La scène se passe probablement dans les locaux d'une entreprise. La relation est professionnelle.
Doc 6 : On ne sait pas où se passe la scène. La relation est familiale.
Doc 7 : La scène se passe dans un espace vert. La relation est amicale.
Doc 8 : La scène se passe dans un restaurant. La relation est amicale.
2. Doc 2 : – Salut Anna !
– Salut ! On va jouer ?
Doc 3 : – Bonjour madame.
– Bonjour docteur.
Doc 4 : – Bonjour, je suis Jean Durand.
– Enchantée, je suis Maryline Denis.
Doc 5 : – Bonjour madame, comment allez-vous ?
– Bonjour, très bien, je vous remercie et vous ?
Doc 6 : – Salut tu vas bien ?
– Salut, oui très bien et toi ?
Doc 7 : – Bonjour Jean, comment vas-tu ?
– Ça va, merci, et toi ?
Doc 8 : – Coucou, comment allez-vous ?
– Très bien, et toi ?

Activité 14, p. 110
Sujet 1 : Mon rôle / La mère / Standard / Non précisé, on peut utiliser les deux.
Sujet 2 : Mon rôle / L'employé / Standard / Le vouvoiement
Sujet 3 : Mon rôle / L'employé / Standard / Le vouvoiement
Sujet 4 : Un employé / Un collègue / Standard / Le tutoiement
Sujet 5 : Un employé / Un chef / Soutenu / Le vouvoiement

Activité 15, p. 111
☑ Oui, je voudrais acheter un tee-shirt pour un ami.
☑ Un homme.
☑ Il mesure 1,80 m.
☑ D'accord. Je vous fais confiance.
☑ Je voudrais quelque chose de bleu.
☑ Environ 30 euros.
☑ Quel est son prix ?
☑ Oui, je vais régler en espèces.

Activité 16, p. 112
1. Depuis que je suis en France, ma mère est **triste** car je suis son dernier enfant qui ait quitté la maison. Depuis mon départ, mes parents vivent seuls.
Pour lui faire plaisir, mon père lui a offert un voyage à Paris. Ma mère est très **heureuse** de venir me voir pendant les vacances d'hiver. Elle est quand même **inquiète** car c'est la première fois qu'elle va prendre l'avion. Elle part dans une semaine, alors elle est **impatiente**. Mon père est **déçu** parce qu'il ne peut pas venir, il a trop de travail.

2. Propositions
Je suis **content(e)** de mon nouveau professeur de français. / Mon collègue est **heureux**. Il a obtenu une promotion. / L'employé est **déçu**. Il est malade depuis 2 jours. / Mes enfants sont **contents** : ils travaillent très bien à l'école. / Je suis **énervé(e)** : mon chef ne veut pas que je parte en congé. / Mes collègues sont **sympathiques**. Il y a une très bonne ambiance au travail. / Mon ami est **fâché** contre moi. J'ai oublié de lui souhaiter sa fête. / Marie est **triste**. Elle quitte l'entreprise demain car elle prend sa retraite.

Activité 17, p. 113
1. Les trois mots-clés du sujet : piscine / demander / inscrivez
Tarif : Combien coûte l'inscription ? Quel est le prix de l'entrée ?
Cours : Quels cours proposez-vous ? Est-ce que vous avez des cours pour les débutants ?
Horaires : Quels sont les horaires d'ouverture ? À quelle heure ferme la piscine ?
– Comment terminer l'interaction avec l'examinateur : en le saluant.
2. Les trois mots-clés du sujet : vacances / souvenirs / conseils
Spécialités : Quelles sont les spécialités de la région ? Quelle spécialité puis-je acheter ?
Prix : Combien coûte ce produit ? Quel est le prix de cet objet ?
Objets : À quoi sert cet objet ? Comment ça marche ?
– Comment terminer l'interaction avec l'examinateur : en le remerciant et en le saluant.

Activité 18, p. 114
2. [...] E : **En effet**, c'est une super idée car j'ai un peu grossi et je voudrais perdre mes kilos.
C : Super, moi j'ai besoin de faire du sport **pour** être en meilleure forme. Bon, **alors**, qu'est-ce que tu aimes comme sports ?
E : Alors, j'aime beaucoup la natation et le tennis. Et toi ?
C : Moi aussi, j'aime le tennis.
E : Ah, tu aimes le tennis **aussi** ? Bon, c'est bien, on aime ce sport tous les deux. **Donc** on pourrait essayer d'en faire ensemble. On peut jouer gratuitement à l'université, il y a plusieurs cours en accès libre. **Alors** quand es-tu disponible ? Quel jour ?
C : Le mercredi, je suis libre, et toi ?
E : Le mercredi ? Non, plutôt le samedi **parce** que le mercredi j'ai cours toute la journée.
[...] E : Oui c'est très bien, 14 h. D'accord ! **Donc** on se donne rendez-vous... Oui, on se donne rendez-vous tous les samedis pour jouer au tennis ?
C : Oui, oui. On se retrouve au gymnase de l'université ?
E : D'accord, devant le gymnase, très bien... J'espère que je vais perdre du poids **grâce** au tennis.
C : Oui, tu vas voir, ça va marcher. À samedi ! **Mais** avant, il faut que j'aille acheter un peu de matériel **car** je n'ai pas de raquette.
E : Ok, c'est moi qui m'occupe des balles. À samedi **alors** !

Exercice 1, p. 115

Commencez pas saluer l'examinateur.
Vous devez vous **présenter**. Donnez des informations sur :
☑ Vous
☑ Votre famille
☑ Votre logement
☑ Votre travail
☑ Votre formation
☑ Vos goûts
☑ Vos loisirs
– Utilisez un vocabulaire simple.
– **Parlez lentement** en faisant des pauses entre les phrases.
– Utilisez les temps du présent et du passé (passé composé, imparfait).

Exercice 2, p. 115

Donnez des informations sur :
☑ Vous : votre nom, votre prénom, votre âge, votre nationalité, votre situation de famille, votre métier, vos goûts…
☑ Votre famille : des informations (leurs noms, leur âge, leur métier…) sur vos parents, vos frères et sœurs, votre mari/femme, vos enfants
☑ Votre logement : votre adresse, votre quartier, votre habitation (maison, appartement…), la pièce que vous préférez, la taille de votre logement…
Utilisez le vocabulaire proposé pages 122 à 124.

Exercice 3, p. 116

Donnez des informations sur :
– Vous : votre nom, votre prénom, votre âge, votre nationalité, votre situation de famille, votre métier, vos goûts…
– Votre travail / vos études : décrivez votre travail/vos études, avec qui travaillez-vous / étudiez-vous, quelles sont vos tâches quotidiennes, où travaillez-vous ?
– Vos loisirs / vos goûts : vos activités préférées, les sports que vous faites, expliquez pourquoi vous aimez ces activités et ces sports…
Utilisez le vocabulaire proposé pages 122 à 124.

Exercice 5, p. 118

Proposition
Mon lieu préféré, c'est la Provence. J'adore cette région, les villes, les espaces verts, notamment au printemps quand les champs de blé sont remplis de coquelicots, et en été quand on entend chanter les cigales. J'essaye d'aller en Provence une fois par an. J'y vais avec ma femme. Cela me permet de me reposer et d'admirer ces magnifiques paysages. Pour moi, là-bas, ce sont les vraies vacances.

Exercice 6, p. 118

Proposition
J'adore la musique car ça me rend heureuse. La musique accompagne les bons comme les mauvais moments de notre vie. J'aime la musique classique car il n'y a pas de paroles, ça me permet de me reposer tout en me concentrant. Voilà pourquoi j'aime la musique. J'écoute de la musique tout le temps, dans la voiture en allant au travail, quand je suis au bureau, à la maison et le soir avant de me coucher. Mais je n'aime pas la musique électronique, je trouve que cela est trop artificiel.

Exercice 8, p. 120

Sujet 1 : Voici des questions que vous pouvez poser, pour vous aider :
– Quels cours proposez-vous ?
– Est-ce que je peux m'inscrire à un seul cours ?
– Combien coûte l'abonnement ?
– Est-ce que vous faites des réductions pour les jeunes ?
– Quels sont les horaires du club ?
– Est-ce que le club est ouvert pendant les vacances ?
– Est-ce que je peux inviter un ami ?

Sujet 2 : Voici des questions que vous pouvez poser, pour vous aider :
– Est-ce que je peux emprunter la voiture de l'entreprise ?
– Est-ce qu'il y a un transport en commun pour aller voir ce client ?
– Est-ce que je peux louer une voiture ?
– À quelle heure dois-je aller voir le client ?
– Quel est l'itinéraire à suivre ?
– C'est à combien de kilomètres ?

Exercice 9, p. 121

Sujet 1 : Voici des phrases que vous pouvez utiliser pour vous aider :
– Je viens vous voir car…
– Je suis désolé(e) mais je serai absent(e)…
– Je dois m'absenter car…
– Je souhaiterais pouvoir récupérer le cours.
– Comment pourrais-je récupérer le cours ?
– Je vous remercie de votre compréhension.

Sujet 2 : Voici des questions que vous pouvez poser à votre collègue pour vous aider :
– Quand pourrait-on organiser la fête ?
– À quelle heure ?
– Comment va-t-on prévenir les employés ?
– Est-ce que tu penses qu'on pourrait organiser la fête dans… ?
– Qu'est-ce qu'on prévoit à manger ?
– Et pour boire, tu as pensé à quoi ?

Épreuve blanche 1

Exercice 1, p. 127

Doc 1 : **b**. 15 heures.
Doc 2 : **a**
Doc 3 : **b**. Prendre un formulaire.
Doc 4 : **c**
Doc 5 : **a**. Aller au guichet n°1.
Doc 6 : **b**

Exercice 2, p. 128

1. **a.** la fin de travaux.
2. **c**
3. **a.** Un bonnet.
4. **b.** À 19 heures.
5. **c**
6. **b.** Jusqu'au 15 juillet.

Exercice 3, p. 129

1. **b.** Il part en vacances.
2. **c.** Téléphoner à M. Furet.
3. **a**
4. **c.** La quantité.
5. **c.** Un repas entre collègues.
6. **b**

Exercice 4, p. 130

1. Dialogue 1 : **E-** Indiquer un chemin
2. Dialogue 2 : **C-** Proposer une activité
3. Dialogue 3 : **D-** Interdire quelque chose
4. Dialogue 4 : **A-** Remercier

Exercice 1, p. 131

Document 1 : H
Document 2 : G
Document 3 : E
Document 4 : B
Document 5 : A
Document 6 : C

Exercice 2, p. 132

1. **a**
2. **b.** Annuler une demande.
3. **b.** Aller à l'école.
4. **a.** Un sms.
5. **b**
6. **a.** Pour justifier l'absence de son fils.

Exercice 3, p. 133

1. **b.** Du désinfectant.
2. **b.** À la cuisine.
3. **a.** Le sucre.
4. **c.** De la crème.
5. **b.** Compléter un formulaire.
6. **a.** Le paiement.

Exercice 4, p. 135

1. **b.** C'est le moment d'acheter les fournitures.
2. **b.** Faux.
3. **b.** aux familles.
4. **a.** Vrai.
5. **c.** À la maison.
6. **b.** On a plus de temps.

Exercice 1, p. 136

Salut,
Hier j'ai participé à une journée sportive dans mon quartier. J'ai fait du sport toute la journée. C'était super. J'ai essayé le tir à l'arc, c'est génial. J'ai fait du vélo de vitesse, j'ai adoré et j'ai aussi testé le canoé mais je n'ai pas vraiment aimé. J'ai aussi fait du football en salle, c'était super sympa. Je vais chercher un club près de chez moi. Tu voudrais venir avec moi ?
À bientôt,
Paul (75 mots)

Exercice 2, p. 136

Cher Jean-Baptiste,
C'est une très bonne nouvelle ! Tu vas bientôt te marier. Je te remercie pour ton invitation. J'accepte avec plaisir. Ma femme, Marie, est très contente aussi. Qu'est-ce que nous pouvons apporter ? Un dessert ? Je fais très bien la cuisine, ma spécialité c'est le gâteau au chocolat. Es-tu d'accord ?
Où habites-tu ? Est-ce que l'on peut venir en transports en commun ?
Merci pour ta réponse.
À bientôt,
Gabriel (68 mots)

Exercices de production orale, p. 137

Pistes de réponses

1. Pour vous présenter, donner des informations sur :
– Vous → Je m'appelle XXX, mon nom c'est XXX. / J'ai XX ans. / Je suis de nationalité XXX. Je viens du (*nom de pays*). J'habite à (*nom de ville*) …
– Votre famille → je suis (*situation de famille*). J'ai XX enfants. Mes parents vivent (*nom de ville*).
– Votre logement → J'habite dans (*type de logement : maison, appartement...*). C'est un petit/moyen/grand appartement. Il y a XX pièces…
– Votre travail → Je suis (*nom de métier*). Je travaille à (*nom de l'entreprise*). J'aime beaucoup mon travail car…
– Votre formation → J'ai une licence/master/doctorat en (*nom de votre diplôme*). J'ai étudié pendant XX ans. Je suis allé(e) à l'université de (*nom de ville*).
– Vos goûts et loisirs → J'aime faire (*nom de sport*) car… J'adore (*nom de votre activité préférée*) parce que…

2. **SUJET 1** : Oui, je regarde très souvent la télévision / Non, je ne regarde jamais la télévision. Je regarde des émissions sur la planète/les animaux/la cuisine/le cinéma/la littérature… Je regarde les émissions sur un téléviseur. / Je regarde les émissions sur mon ordinateur/sur mon téléphone/chez des amis…

SUJET 2 : J'adore la ville car j'aime les endroits qui bougent/les lieux animés. J'aime la ville car on trouve tout : des commerces, des lieux de loisirs, des écoles, des universités… / Je n'aime pas la ville car il y a trop de bruits/trop de voitures/trop de pollution.

SUJET 3 : J'aime le sport car c'est bon pour la santé/ça me permet de rester en forme/je peux manger ce que je veux grâce au sport/ça me donne de l'énergie. / Je déteste le sport car c'est trop fatiguant/c'est trop difficile. Je fais du tennis/football/de la natation/du jogging/du vélo/de l'équitation/de la danse/de la gymnastique… Mon sport préféré, c'est le/la XX car je peux me dépenser/je peux me détendre/évacuer mon stress…

3. **SUJET 1** : Bonjour/Salut/Coucou, comment vas-tu ? Est-ce que tu veux venir au cinéma avec moi, vendredi/ce soir/demain soir ? Quel genre de film préfères-tu ? J'aime les films qui parlent d'histoires d'amour, qui font

peur. Je te propose plusieurs films : XX, XX. À quelle heure es-tu libre ? À plus tard/À bientôt/À tout à l'heure / Salut.
SUJET 2 : Bonjour madame/Bonjour monsieur. Je viens d'arriver dans le quartier et j'ai besoin d'ouvrir un compte bancaire. Je voudrais des renseignements. Combien coûte l'ouverture d'un compte bancaire dans votre banque ? Combien coûte un abonnement de carte bancaire ? Est-ce que je peux consulter mes comptes sur Internet ? Combien ça coûte ? Quels documents faut-il pour ouvrir un compte ? Est-ce qu'on peut ouvrir le compte maintenant ? Je vous remercie./Merci beaucoup./Au revoir.
SUJET 3 : Bonjour madame/Bonjour monsieur. Je voudrais me renseigner sur la médiathèque. Combien coûte l'abonnement pour un an ? Est-ce qu'il y a des réductions ? Quels documents peut-on emprunter ? Combien de documents est-ce que je peux emprunter ? Pendant combien de temps ? Quels documents faut-il pour s'inscrire ? Je vous remercie./Merci beaucoup./Au revoir.

Épreuve blanche 2

Exercice 1, p. 139
Doc 1 : **a.** 3.
Doc 2 : **c**
Doc 3 : **b.** 50 centimes.
Doc 4 : **b**
Doc 5 : **c.** À l'accueil du centre commercial.
Doc 6 : **a**

Exercice 2, p. 140
1. **a**
2. **b.** Aller à la pharmacie.
3. **c.** Des employés municipaux.
4. **b.** trouver des petites annonces.
5. **c**
6. **a.** Le 1er mai.

Exercice 3, p. 141
1. **b.** La semaine dernière.
2. **c**
3. **b.** Il manque un document.
4. **a**
5. **b.** Du bois.
6. **c.** Par téléphone.

Exercice 4, p. 142
1. Dialogue 1 : **D-** Refuser une invitation
2. Dialogue 2 : **F-** Donner son opinion
3. Dialogue 3 : **C-** S'informer sur un lieu
4. Dialogue 4 : **A-** Exprimer la surprise

Exercice 1, p. 143
Document 1 : F
Document 2 : A
Document 3 : G
Document 4 : D
Document 5 : E
Document 6 : C

Exercice 2, p. 144
1. **a.** 7 h 46.
2. **c.** Il y a eu un incident informatique.
3. **b**
4. **b.** Il n'a pas pu aller à une réunion.
5. **a.** Un remboursement.
6. **a**

Exercice 3, p. 145
1. **a.** La tenue du camping.
2. **b.** Une pièce d'identité.
3. **b.** Un électricien.
4. **a.** Un client a oublié quelque chose.
5. **c.** Un aspirateur.
6. **c.** Du désinfectant.

Exercice 4, p. 147
1. **b.** Faux.
2. **a.** Elle n'est pas très loin de Paris.
3. **a.** Des travaux de rénovation.
4. **c.** Le Palais des Beaux-Arts.
5. **a.** Le Beffroi de l'hôtel de ville.
6. **a.** Vrai.

Exercice 1, p. 148
Proposition de production
Salut !
Enfin ça y est, je suis dans mon nouveau logement. Il est super, j'ai deux chambres et un grand salon et une vraie cuisine. J'ai aussi un petit balcon et je peux apercevoir au loin la tour Eiffel. Les chambres sont petites mais le salon est agréable. Je me sens bien dans cet appartement. La seule chose qui manque, c'est un ascenseur et je suis au 4e étage. Heureusement que je suis sportif !
J'ai hâte de te montrer la vue, viens me voir très vite.
Stef (87 mots)

Exercice 2, p. 148
À : Marie-ChristineH@beb.be
Chère Marie-Christine,
C'est gentil de m'inviter dans ta nouvelle maison. Je te remercie d'avoir pensé à moi.
Je suis désolée, je ne suis pas libre le week-end de Pâques. Ma mère revient d'un long voyage et je dois aller la chercher à l'aéroport et l'emmener dans son village. Je vais passer le week-end avec elle.
J'aurais bien aimé faire la fête avec toi. Si tu es d'accord, je viendrai un autre week-end.
Merci encore pour ton invitation.
Bisous
Valérie (80 mots)

Exercices de production orale, p. 149
Pistes de réponses
1. Voir les réponses de la question 1 des exercices de production orale de la page 137.
2. **SUJET 1 :** J'étudie dans une école/un collège/un lycée/une université qui se situe dans la ville de (*nom de ville*). / Ce lieu est petit/grand/immense/de taille

moyenne. / Il y a XX élèves/étudiants dans (*nom de l'établissement*). / Il y a XX classes. XX personnes travaillent dans cet établissement. / C'est un lieu très agréable car il est dans la nature/il est tout neuf… / Je n'aime pas cet endroit car il est vieux/il est sale/il est loin de la ville…

SUJET 2 : Le plus souvent j'utilise la voiture/le bus/mon vélo… / Je prends mon vélo pour les trajets de 10 minutes. / J'aime me déplacer à vélo car cela me permet de faire du sport. / J'utilise toujours ma voiture car c'est plus rapide. / Je me déplace à pieds et en bus car c'est plus économique.

SUJET 3 : Je sors. Après une semaine de travail/de cours, j'ai besoin de quitter la maison et de passer du temps avec mes amis/de faire du sport/de me promener. / Comme je travaille toute la semaine, je dois faire des courses pour ma famille le samedi. Le dimanche, on va voir nos familles (parents et beaux-parents) ou on reste tranquilles à la maison. / Je reste à la maison, je fais le ménage et les courses. Je joue avec mes enfants.

3. SUJET 1 : Bonjour, je cherche un logement de XX pièces. / Je veux un logement calme/grand/lumineux/au dernier étage. / Je préfèrerais avoir un ascenseur/être au dernier étage/avoir un jardin. / Pour le loyer, je peux mettre XX euros. / Combien coûtent les charges ? / Que pouvez-vous me proposer ? / Quels documents faut-il ?

SUJET 2 : Quels sont les horaires de travail ? / Quelles seront mes tâches ? / Est-ce que je peux prendre une pause ? / Comment s'appelle mon responsable ? / Est-ce que je peux le rencontrer aujourd'hui ? / Est-ce qu'il y a des réunions d'équipe ?

SUJET 3 : Bonjour, je voudrais inscrire mon enfant à l'école. / Quelle est l'école de mon quartier ? / Quels sont les horaires de l'école ? Est-ce qu'il y a une garderie pour le soir ? / Comment dois-je l'inscrire ? / Quels papiers dois-je apporter ? / Comment est-ce que je peux inscrire mon enfant à la cantine ?

Références des images livres

9		danwilton - iStockphoto
12	a	NicoElNino - stock.adobe.com
12	b	JackF - stock.adobe.com
12	c	Jan Kranendonk - stock.adobe.com
12	d	Saharrr - stock.adobe.com
13	a	master1305 - stock.adobe.com
13	b	Meinzahn - iSockphoto
13	d	andresr - iSockphoto
13	c	Angelov - stock.adobe.com
14	a	reshoot - stock.adobe.com
14	b	Philippe Turpin / Photononstop
14	c	globalmoments - iSockphoto
14	d	serdarerenlere - stock.adobe.com
17	a	Sarunyu_foto - stock.adobe.com
17	b	scanrail - iSockphoto
21	a	ozaiachin - stock.adobe.com
21	b	New Africa - stock.adobe.com
21	c	pixelrobot - stock.adobe.com
22	a	Africa Studio - stock.adobe.com
22	b	Syda Productions - stock.adobe.com
22	c	OlegDoroshin - stock.adobe.com
23	a	One - stock.adobe.com
23	b	Paris : Filage de "My Fair Lady" au theatre du Chatelet - Raymond Delalande/SIPA
23	c	luckybusiness - stock.adobe.com
25	a	arnonphoto - stock.adobe.com
25	b	RomixImage - stock.adobe.com
25	c	Анастасия Гайкова - stock.adobe.com
26	a	caftor - stock.adobe.com
26	b	olrat - iSockphoto
26	c	DarthArt - iSockphoto
27	a	Michael Nivelet - stock.adobe.com
27	b	Denis Allard/Réa
27	c	scanrail - iSockphoto
28	a	Nerthuz - iSockphoto
28	b	scanrail - iSockphoto
28	c	Marc Dietrich - stock.adobe.com
29	a	Baillou - stock.adobe.com
29	b	chuck - stock.adobe.com
29	c	boscorelli - stock.adobe.com
30	a	Jérôme Rommé - stock.adobe.com
30	b	Nelea Reazanteva - stock.adobe.com
30	c	monticellllo - stock.adobe.com
34		Corina_Dragan - iStockphoto
36	bd	Corina_Dragan - iStockphoto
37	hm	Ümit Büyüköz - iStockphoto
37	bm	g-stockstudio - iStockphoto
42	a	Victor Tongdee - stock.adobe.com
42	b	krimzoya46 - stock.adobe.com
42	c	Reid K Dalland - iSockphoto
42	d	Christophe Lehenaff / Photononstop
43	bg	Zakharov Evgeniy - stock.adobe.com
43	hg	P. Royer - www.agefotostock.com
43	mg	Christian Martelet / hemis.fr
44	bd	maudanros - stock.adobe.com
44	hd	Maxime Brault/Réa
44	hg	De Gaulle, 2020 de Gabriel Le Bomin avec Lambert Wilson. Collection ChristopheL © Vertigo Productions - Les Films de la Baleine - SND
44	bg	Effacer l'historique, 2019 de Gustave Kervern et Benoit Delepine avec Blanche Gardin, Denis Podalydes, Corinne Masiero, Vincent Lacoste. Collection ChristopheL © Les films du Worso - No Money Productions
55		New Africa - stock.adobe.com
56		Prostock-studio - stock.adobe.com
57		Philippe Giraud / Biosphoto
63	a	Delphotostock - stock.adobe.com
63	b	Alexi Tauzin - stock.adobe.com
63	c	Philippe Turpin / Photononstop
64	a	Robert Francis - www.agefotostock.com
64	b	sshaw/5 - iSockphoto
64	c	HelloWorld Images - www.agefotostock.com
65	a	Taina Sohlman - stock.adobe.com
65	b	Sergiy Serdyuk - stock.adobe.com
65	c	DarthArt - iSockphoto
66	bb	dusanpetkovic1 - stock.adobe.com
66	bc	Rido - stock.adobe.com
66	ha	Oligo - stock.adobe.com
66	ba	kzenon - iSockphoto
66	hc	Richard Villalonundefined undefined - iSockphoto
71		Ljupco - iSockphoto
72		Studio Pons / Photononstop
73		Wavebreak Media / Photononstop
74		Corina_Dragan - stock.adobe.com
76		Corina_Dragan - stock.adobe.com
77		bikeriderlondon - Shutterstock
82		smallredgirl - stock.adobe.com
83		Laura - stock.adobe.com
87	bg	Souchon Yves - stock.adobe.com
87	bd	scaliger - stock.adobe.com
87	hd	Florence Piot - stock.adobe.com
87	hg	Photocreo Bednarek - stock.adobe.com
88	mg	baranq - stock.adobe.com
88	bd	Seventyfour - stock.adobe.com
88	hd	Alfredo - stock.adobe.com
89		glazok - stock.adobe.com
94		Corina_Dragan - stock.adobe.com
96		Corina_Dragan - stock.adobe.com
97		Piksel - iSockphoyo
101	bg	Kzenon - stock.adobe.com
101	hd	Pavel Losevsky - stock.adobe.com
101	hg	golubovy - stock.adobe.com
101	bd	Pixel-Shot - stock.adobe.com
104	a	pressmaster - stock.adobe.com
104	b	Copit - iSockphoto
105	bd	FOOD-micro - stock.adobe.com
105	bg	goodluz - stock.adobe.com
105	c	Nikola Solev - stock.adobe.com
105	d	Kirill Grekov - stock.adobe.com
105	e	alotofpeople - stock.adobe.com
105	f	jackfrog - stock.adobe.com
105	bm	New Africa - stock.adobe.com
106	hd	Ben Welsh - www.agefotostock.com
106	hm	gpointstudio - stock.adobe.com
106	mg	AboutLife - stock.adobe.com
106	mm	juefraphoto - stock.adobe.com
106	hg	dusanpetkovic1 - stock.adobe.com
108	1	Ivan Traimak - stock.adobe.com
108	2	Orbon Alija - iSockphoto
109	3	Wellnhofer Designs - stock.adobe.com
109	4	Tom Merton - iSockphoto
109	5	MesquitaFMS - iSockphoto
109	6	CSP_xilius - www.agefotostock.com
110	7	fizkes - stock.adobe.com
110	8	Yakobchuk Olena - stock.adobe.com
122		Corina_Dragan - iStockphoto
124		Corina_Dragan - iStockphoto
127	a	gemenacom - stock.adobe.com
127	b	Coprid - stock.adobe.com
127	c	AlenKadr - stock.adobe.com
128	a	Africa Studio - stock.adobe.com
128	b	monticellllo - stock.adobe.com
128	c	cheremuha - stock.adobe.com
130	a	John Smith - stock.adobe.com
130	b	Radius Images / Photononstop
130	c	juliasudnitskaya - stock.adobe.com
132	a	fresnel6 - stock.adobe.com
132	b	Melinda Nagy - stock.adobe.com
132	c	Microgen - stock.adobe.com
133	a	Delphotostock - stock.adobe.com
133	b	Alexi Tauzin - stock.adobe.com
133	c	pascalkphoto - stock.adobe.com
135		Denis/Réa
139	a	David Henderson / Ojo Images / Photononstop
139	b	magedepotpro - iSockphoto
139	c	John Smith - stock.adobe.com
140	a	Adam Smigielski - iStockphoto
140	b	rusm - iSockphoto
140	c	Jenny Sturm - stock.adobe.com
142	a	5second - stock.adobe.com
142	b	Drobot Dean - stock.adobe.com
142	c	VadimGuzhva - stock.adobe.com
145	a	Alexi Tauzin - stock.adobe.com
145	b	Delphotostock - stock.adobe.com
145	c	Y. L. Photographies - stock.adobe.com
147		Sime / Photononstop

Références des images Web 1

2	web-a	DarthArt - iStockphoto
2	web-c	Desintegrator/Alamy/hemis.fr
2	web-b	Nicolas Tavernier/Réa
3	web-a	imtmphoto - stock.adobe.com
3	web-b	Wavebreak Media / Photononstop
3	web-c	Maridav - stock.adobe.com
4	web-a	fivepointsix - stock.adobe.com
4	web-b	DarthArt - iStockphoto
4	web-c	DarthArt - iStockphoto
6	web-a	Delphotostock - stock.adobe.com
6	web-b	Michael Nivelet - stock.adobe.com
6	web-c	bluedesign - stock.adobe.com
7	web-a	LumenSt - stock.adobe.com
7	web-b	myper - stock.adobe.com
7	web-c	Gabriel Sanchez / PhotoAlto / Photononstop
9	web	bondsza - stock.adobe.com

Références des images Web 2

1	web2-a	Szasz-Fabian Erika - stock.adobe.com
1	web2-b	baibaz - stock.adobe.com
1	web2-c	bit24 - stock.adobe.com
2	web2-a	taviphoto - stock.adobe.com
2	web2-b	White bear studio - stock.adobe.com
2	web2-c	xavier gallego morel - stock.adobe.com
4	web2-a	sitthiphong - stock.adobe.com
4	web2-b	Olga Galushko - stock.adobe.com
4	web2-c	mnirat - stock.adobe.com
6	web2-a	lily - stock.adobe.com
6	web2-b	Nelea Reazanteva - stock.adobe.com
6	web2-c	zoommachine - stock.adobe.com
7	web2-a	lily - stock.adobe.com
7	web2-b	4th Life Photography - stock.adobe.com
7	web2-c	Synergee - iStockphoto
9	web2	Alessandro Rota/GettyImages
11	web2-a	artmim - stock.adobe.com
11	web2-b	kiuikson - stock.adobe.com
11	web2-c	CoffeeAndMilk - iStockphoto

Références textes

56	Où les Français partiront-ils en vacances cet été ? © Version Femina, Elsa Rouden 21/5/2020.
72	Journées du patrimoine : retour sur la 37e édition sous coronavirus © Sarah Ponchin, linternaute.fr, 21/9/2020.
135	Tours : à l'approche de la rentrée, fort succès des commandes internet de fournitures scolaires © France Bleu Touraine - Radio France, 19/8/2020.
147	Guide de Lille © le Petit Futé Lille - NEU.

Référence texte Web

8	web	En 30 ans, le nombre d'éléphants a plus que doublé au Kenya © Sylvain GIBEY, www.Ouest-France.fr, le 7/9/2020.